AF877462

Praktische Hilfsbücher für den Schiedsmann:

Strafgesetzbuch

für das

Deutsche Reich

vom 15. Mai 1871.

Mit den Entscheidungen des Reichsgerichts.

Herausgegeben

von

Dr. P. Daude,

Geh. Regierungsrat, Universitätsrichter in Berlin.

Fünfzehnte, neubearb. Aufl., von Dr. **E. Daude,** Amtsgerichtsdirektor.

1925. Taschenformat. Im Druck.

„Der Kommentar, der die Mitte zwischen größeren Erläuterungswerken und Textausgaben hält, erfreut sich seit langer Zeit in der Praxis großer Beliebtheit. Er zeichnet sich insonderheit durch eine sehr sorgfältige Bearbeitung der Rechtsprechung des Reichsgerichts aus und eignet sich schon allein dadurch für den Handgebrauch im täglichen Geschäftsverkehr in hervorragender Weise. Dies wird befördert durch die überaus treffende und klare Art und Weise, in der die Rechtsprechung zum Verständnis gebracht wird."

Strafprozeßordnung

für das

Deutsche Reich

vom 1. Februar 1877.

Mit den Entscheidungen des Reichsgerichts.

Von

Dr. P. Daude,

Geh. Regierungsrat, Universitätsrichter in Berlin.

Elfte Auflage

von Dr. **Emil Daude,** Amtsgerichtsdirektor.

1924. Taschenformat. 440 Seiten. Gebunden M. 6.–.

„Die Daudeschen Ausgaben sind, wie die Auflagenziffern beweisen, in den weitesten juristischen Kreisen nach Inhalt und Brauchbarkeit besonders geschätzt." Sie geben das Nötige und Wesentliche aus Rechtsprechung und Praxis in übersichtlicher Art.

Wie hat der Schiedsmann sein Amt zu führen?

Eine gemeinverständliche Anleitung

Von

E. Christiani

weil. Geh. Justizrat, Amtsgerichtsrat in Osterode a. H.

Neubearbeitet

von

Dr. R. Reichau

Landgerichtsdirektor in Berlin

Sechste Auflage

Mit zahlreichen **Beispielen**, einem Abdruck der preußischen **Schiedsmannsordnung** vom 3. 12. 24, der **Ausführungsverfügung** vom 20. 12. 24 und der **Geschäftsanweisung** vom 13. 1. 25 sowie ausführlichem **Sachregister**

Berlin 1925

Verlag von H. W. Müller

SW 68, Schützenstr. 29/30

Vorwort zur sechsten Auflage.

Der Herausgabe dieses Buchs, dessen Bearbeitung ich nach dem Tode des Verfassers von der fünften Auflage an auf Wunsch des Verlages übernommen habe, liegt die Absicht zugrunde, einen praktischen Wegweiser für den Handgebrauch des Schiedsmanns zu schaffen. Ich bin bemüht gewesen, diese Absicht zu wahren. Wenn die neue Auflage gleichwohl zahlreiche Änderungen aufweist, so hat das seine Ursache in der teilweisen Umgestaltung der Schiedmannsordnung. Diese hat den Gesetzgeber veranlaßt, das ganze Gesetz unterm 3. Dezember 1924 in neuer Fassung zu veröffentlichen; sie hat ferner die beiden mit der Ausführung des Gesetzes betrauten Minister bestimmt, die verstreuten, in Ergänzung der Schiedsmannsordnung erlassenen Vorschriften unter Anpassung an die veränderte Gesetzeslage und vielfacher Erweiterung in einer Ausführungsverfügung vom 20. Dezember 1924 zusammenzufassen; und sie hat endlich den Justizminister bewogen, auch die Geschäftsanweisung einer erneuten, eingehenden Durchsicht zu unterziehen und unterm 13. Januar 1925 amtlich auf sie hinzuweisen. Den Anstoß zu allen diesen Maßnahmen hat die Änderung des § 380 (früher § 420) der Strafprozeßordnung gegeben, die eine erhebliche Ausdehnung der Aufgaben der Schiedsmänner auf strafrechtlichem Gebiet bedingte und deshalb eine wirkungsvollere Ausgestaltung des Schiedmannsamts wünschenswert erscheinen ließ. Dabei haben zugleich ein paar alte Wünsche der Schiedsmänner (Erweiterung der Ordnungsstrafbefugnis, Einführung von Gebühren für die Tätigkeit des Schiedsmanns, Erhöhung der Schreibgebühren) Berücksichtigung gefunden. Auf die Änderungen ist im Buch überall aufmerksam gemacht; außerdem sind zur Erleichterung des Überblicks in dem dem Buche beigegebenen Abdruck der Schiedsmannsordnung die Abweichungen des neuen von dem alten Gesetzestext durch Fettdruck hervorgehoben. Die Ausführungsverfügung und die Geschäftsanweisung sind im Buche gleichfalls abgedruckt, eine Neuerung, die eine beträchtliche Vermehrung des Umfangs des Buchs erforderlich gemacht hat, aber dem Zwecke des Buchs auch um so förderlicher sein wird, als die Geschäftsanweisung amtlich nicht bekanntgegeben, ihre Veröffentlichung vielmehr dem Buchhandel überlassen ist. Möge auch die neue Auflage das Wohlwollen finden, dem die früheren Auflagen begegnet sind.

Berlin-Wilmersdorf, im Januar 1925.

Reichau.

Inhaltsübersicht.

I. Die Tätigkeit des Schiedsmanns.

II. Die amtliche Stellung des Schiedsmanns.

Anhang.

I. Die Tätigkeit des Schiedsmanns.

1. Die Aufgabe des Schiedsmanns.

Die Aufgabe des Schiedsmanns besteht in der gütlichen Schlichtung streitiger Rechtsangelegenheiten. Dagegen ist er nicht dazu berufen, Streitigkeiten, die sich seiner Bemühungen ungeachtet nicht in Güte beilegen lassen, nun zu entscheiden, das heißt: auszusprechen, wer im Recht und wer im Unrecht sei, dem einen oder anderen Teil Auflagen zu machen oder Strafen über ihn zu verhängen. Die Entscheidung von Streitsachen steht allein den Gerichten zu; denn dazu bedarf es einer genauen Gesetzeskenntnis, wie sie nur durch langjähriges Spezialstudium erworben und daher vom Schiedsmanne nicht erwartet werden kann. Die vermittelnde Tätigkeit des Schiedsmanns soll es den streitenden Parteien jedoch ermöglichen, ihre Sache ohne die kostspielige Anrufung des Gerichts zu ordnen, bestehende Meinungsverschiedenheiten unter dem verständigen Zuspruch eines unparteiischen Vertrauensmannes auszugleichen; sie soll einem durch eine strafbare Handlung Verletzten oder Beleidigten Gelegenheit bieten, ohne Inanspruchnahme des Strafrichters eine angemessene Genugtuung zu erhalten. Der Schiedsmann soll darauf hinwirken, daß die Parteien sich über das, was nun unter ihnen gelten soll, verständigen, und zwar, soweit nötig, unter gegenseitigem Nachgeben.

Es ist zwar im allgemeinen nicht die Aufgabe des Schiedsmanns, sich unaufgefordert in fremde Rechtsangelegenheiten einzumischen. Aber er wird sein Amt erst dann recht verstehen und zum Segen ausüben, wenn er sich nicht immer bloß abwartend verhält, sondern gegebenenfalls auch seinerseits anregt, daß in seinem Bezirke wohnende Personen, die miteinander in Streit geraten sind, zunächst die Sühne vor ihm versuchen, ehe sie das Gericht angehen und durch die dann unvermeidlich entstehenden größeren Kosten einen späteren Ausgleich erschweren oder unmöglich machen. Dies gilt um so mehr, als die Inanspruchnahme der Schiedsmänner in den Angelegenheiten, in denen ihre Anrufung vor dem Angehen der Gerichte gesetzlich niemals vorgeschrieben ist, nämlich in den sogenannten bürgerlichen Rechtsstreitigkeiten (den Streitigkeiten um mein und dein) bis zum Jahre 1917 ständig zurückgegangen ist, obwohl ihre Inanspruchnahme in vielen Fällen — insbesondere auf dem Lande in Grenz-, Wasserlaufs- und Wegestreitigkeiten — im Interesse beider Parteien liegen würde, die dadurch zu dem Streitgegenstand oft ganz außer Verhältnis stehende Kosten und Generationen hindurch fortdauernden Ärger sparen könnten; erst seit dem genannten Jahre hat sich die Zahl der Fälle, in denen der Schiedsmann in solchen Sachen angerufen worden ist, wieder etwas gehoben. — Um seinen Beruf wirklich zu erfüllen, darf der Schiedsmann vor allem keinen Zweifel darüber aufkommen lassen, daß er seine Vermittlung *willig und gern* gewährt, daß er es als eine Ehrensache betrachtet, ausgebrochene Zwistigkeiten nach Möglichkeit zum gütlichen Ausgleich zu bringen.

Die Tätigkeit des Schiedsmanns unterliegt aber gewissen *Beschränkungen*. Davon handeln die folgenden Abschnitte.

2. Sachen, die der Schiedsmann nicht annehmen darf.

Gewisse Sachen **darf** der Schiedsmann nach dem Gesetz **nicht** annehmen; er darf also in solcher Sache keinen Termin ansetzen oder er muß, wenn er sich mit den Beteiligten bereits in eine Verhandlung eingelassen hat, die **weitere Verhandlung ablehnen**. Beachtet er das nicht, so tragen seine Handlungen nicht den Charakter von Amtshandlungen, und ein von ihm aufgenommener Vergleich hat nicht die Wirkungen eines Schiedsmannsvergleichs. — Die Fälle sind folgende:

1. Wenn es sich herausstellt, daß die Parteien gar nicht im Streit miteinander befangen sind.

Der Schiedsmann soll, wie oben bereits gesagt ist, nur **streitige** Rechtsangelegenheiten schlichten. Streitige Rechtssachen sind solche, die beim Mangel einer gütlichen Einigung durch das Gericht entschieden werden müßten. Wenn daher die Parteien gar nicht streiten, sondern, wie es häufig vorkommt, der Antragsteller nur deshalb den Schiedsmann angeht, weil er eine **schriftliche Festsetzung** oder **Anerkennung** seiner (von dem anderen gar nicht bestrittenen) Forderung haben möchte, so muß der Schiedsmann seine Tätigkeit ablehnen. Er darf also in solchem Falle beispielsweise nicht zu Protokoll nehmen, Meyer und Müller seien vor ihm erschienen, und Müller habe anerkannt, daß er dem Meyer für die und die Zeit noch die Hausmiete mit 50 RM verschulde, oder daß er dem Meyer aus einem von ihm erhaltenen Darlehn noch einen Rest von 10 RM schuldig sei und binnen der und der Zeit zahlen wolle. Ist aber die Forderung nur in **irgendeiner** Richtung **bestritten**, z. B. in betreff der Zahlungszeit oder in betreff eines kleinen Teils der geforderten Summe, so ist ein Sühneversuch vor dem

Schiedsmann zulässig. Der etwa erzielte Vergleich kann dann auch Punkte mitumfassen, hinsichtlich deren kein Streit zwischen den Parteien bestanden hatte.

Ebensowenig darf der Schiedsmann Verträge, die die Parteien etwa schließen wollen, oder sonstige Erklärungen, z. B. Vollmachten, zu Protokoll nehmen. Er muß in allen solchen Fällen die Beteiligten an das Gericht oder an den Notar verweisen, wenn sie sich mit einfachen mündlichen oder schriftlichen Erklärungen nicht begnügen wollen. Derartige Erklärungen kann der Schiedsmann zwar aufsetzen, wenn die Parteien ihn darum bitten, und er kann sie auch als Zeuge mit unterschreiben; aber er handelt in solchem Falle nur als Privatperson, nicht als Schiedsmann; er darf daher seiner Unterschrift die Bezeichnung „Schiedsmann" oder einen Abdruck des Dienstsiegels nicht beifügen und vor allem nichts darüber in sein Protokollbuch eintragen.

Auch die amtliche Beglaubigung von Unterschriften gehört im allgemeinen nicht zu den Geschäften des Schiedsmanns. Von dieser Regel besteht jedoch eine durch die Reichsgesetzgebung geschaffene Ausnahme. In der Reichsversicherungsordnung und im Versicherungsgesetz für Angestellte ist bestimmt,[1]) daß jede Person, die berechtigt ist, ein öffentliches Siegel zu führen, befugt sein soll, die Bescheinigungen zu erteilen und zu beglaubigen, die bei den auf Grund der genannten Gesetze zu bewirkenden Zahlungen (von Renten u. dgl.) erforderlich sind. Es handelt sich dabei um Quittungen und um Bestätigungen darüber, daß der Empfangsberechtigte am Fälligkeitstage noch am Leben war. Da die Schiedsmänner ein öffentliches Siegel führen (vgl. S. 65), sind sie auch berechtigt, sich

[1]) Reichsversicherungsordnung vom 15. Dezember 1924 §§ 727, 988, 1160, 1384; Angestelltenversicherungsgesetz vom 28. Mai 1924 § 314. — Vgl. ferner die auf S. 66 erwähnten Fälle.

in ihrer amtlichen Eigenschaft auf Antrag der **Erteilung und Beglaubigung solcher Bescheinigungen** zu unterziehen; die von ihnen erteilten oder beglaubigten Bescheinigungen haben den Charakter **öffentlicher Urkunden**. Darüber ob die Vornahme einer Amtshandlung der gedachten Art in Frage steht, wird der Schiedsmann sich um so weniger im Zweifel befinden können, als die zur Ausstellung der Bescheinigungen verwandten Formulare regelmäßig auf der Rückseite einen Vordruck enthalten, der auf die Zuständigkeit des Schiedsmanns zur Erteilung (Beglaubigung) der Bescheinigung hinweist.

Es bedarf kaum der Erwähnung, daß der Schiedsmann ein solches Amtsgeschäft nur vornehmen darf, wenn er sich in völlig einwandsfreier Weise Gewißheit darüber verschafft hat, daß die Bescheinigung, die er erteilen soll, mit dem wahren Sachverhalt in Einklang steht, daß also z. B. die Unterschrift wirklich von demjenigen abgegeben ist, dessen Namen sie wiedergibt. Würde der Schiedsmann diese gewissenhafte Prüfung nicht vornehmen, so würde er sich einer Verletzung seiner Amtspflicht schuldig machen.

Wenn der Schiedsmann in anderen Fällen um Beglaubigung von Unterschriften gebeten wird, so gilt das gleiche wie bei der Aufnahme von Verträgen durch den Schiedsmann; er hat die Befugnis zur Bestätigung einer Unterschrift in keinem weiteren Umfang als jede andere glaubwürdige Privatperson und darf weder der ihn angehenden Partei gegenüber noch in der Art, wie er die Bestätigung vornimmt, einen Zweifel darüber lassen, daß er **nicht in amtlicher Eigenschaft** handelt. Nur in wenigen, besonderen Fällen darf er sich dabei **zur Kennzeichnung seiner Person** seines Siegels bedienen; vgl. hierüber unten S. 66.

Ein Schiedsmann, der die angegebenen Grenzen seiner Befugnisse nicht beachtet, kann sich, wie aus einer anläßlich eines ähnlichen Falls ergangenen Reichsgerichtsentscheidung [1]) geschlossen werden muß, unter Umständen schadensersatzpflichtig machen.

2. Wenn es sich zwischen den Parteien nicht um vermögensrechtliche Ansprüche handelt.

Der Schiedsmann darf nur über vermögensrechtliche Ansprüche, d. h. über Ansprüche, die Geld oder Geldeswert zum Gegenstand haben (z. B. Darlehns- oder Schadensersatzforderungen, Ansprüche aus Kauf-, Miet- und Dienstverträgen, auf Herausgabe von Sachen, auf Grenzfestsetzung u. dgl.) mit den Parteien verhandeln, nicht aber über Streitigkeiten aus dem sogenannten Personenrecht (z. B. Klagen auf Ehescheidung oder auf Herstellung des ehelichen Lebens, Ansprüche auf Anerkennung ehelicher Geburt u. dgl.). Sachen solcher Art muß er daher zurückweisen. Wollten sich übrigens Eheleute, die im Unfrieden miteinander leben, zum Versuche einer Versöhnung der Hilfe des Schiedsmanns bedienen, so steht dem nichts entgegen, wenn der Schiedsmann dazu bereit ist. Seine Tätigkeit ist aber, soweit die Sühneverhandlung das eheliche Verhältnis selbst betrifft, keine amtliche und er darf über einen etwa zustande gekommenen Vergleich nur insoweit ein Protokoll aufnehmen, als die Eheleute sich über vermögensrechtliche Ansprüche, z. B. Zahlung von Unterhaltsgeldern, Herausgabe von Sachen usw., geeinigt haben.

In Strafsachen kann jedoch der Verletzte außer einer Geldforderung (Schadensersatz, Buße) auch einen Anspruch auf Widerruf oder Ehrenerklärung vor dem Schiedsmann geltend machen.

Mit Angelegenheiten, deren Entscheidung den Auseinandersetzungsbehörden zusteht (gutsherrlich-bäuerlichen

[1]) Entscheidungen des Reichsgerichts in Zivilsachen Bd. 71 S. 60.

Regulierungen, Ablösung von Reallasten oder Grundgerechtigkeiten, Teilungen, Verkoppelungen usw.) hat sich der Schiedsmann **nicht** zu befassen, obwohl hierbei vermögensrechtliche Ansprüche zur Entstehung gelangen.

3. Wenn die Absicht des Klägers dahin geht, daß der Gegner bestraft werde (mit Geldstrafe, Haft, Gefängnis usw.).

Ist jemand durch eine *strafbare Handlung* verletzt oder geschädigt, z. B. durch einen Diebstahl, eine Unterschlagung, einen Betrug, so kann er die *Bestrafung* des Schuldigen nach den Vorschriften des Strafgesetzes beantragen. Die *zuständige Stelle* dafür ist aber *nicht der Schiedsmann*; denn dieser hat keine Strafen zu verhängen. Der Verletzte hat sich vielmehr an die Staatsanwaltschaft (Amtsanwaltschaft) oder an die Polizei zu wenden, welche verpflichtet sind, Anzeigen behufs Einleitung einer Untersuchung und Bestrafung des Schuldigen entgegenzunehmen.

Nur bei bestimmten Vergehen, deren Kreis bei der Neufassung des Gesetzes erheblich erweitert worden ist, und zwar auch hier nur, soweit sie *auf Antrag* (nicht von Amts wegen) *zu verfolgen* sind, ist ausnahmsweise eine Sühneverhandlung vor dem Schiedsmann zulässig, die den Zweck hat, dem Beleidigten oder sonst Verletzten auf gütlichem Wege eine Genugtuung zu verschaffen und die Erhebung einer *Privatklage*[1])

[1]) In dem durch die „Privatklage“ eingeleiteten, nur beschränkt zulässigen Verfahren ist der Verletzte in die Lage versetzt, unmittelbar (ohne daß es der Vermittlung oder der Mitwirkung der Staatsanwaltschaft bedarf) bei Gericht auf die Bestrafung des Gegners hinzuwirken. Soweit er es darf — insbesondere in den oben aufgeführten, zur Zuständigkeit des Schiedsmanns gehörigen Fällen — schreitet die Staatsanwaltschaft nur ein, wenn ein öffentliches Interesse an der Strafverfolgung vorliegt.

vor Gericht hintanzuhalten. Es handelt sich dabei um die Vergehen des Hausfriedensbruchs, der Beleidigung, der leichten vorsätzlichen und fahrlässigen Körperverletzung, der Verletzung fremder Geheimnisse und der — wenn auch nur versuchten — Sachbeschädigung. Das gleiche gilt ausnahmsweise auch für das Vergehen der Bedrohung, obwohl dies auch ohne Strafantrag verfolgt werden kann.[1])

---

[1]) Der Wortlaut der einschlägigen Bestimmungen des Strafgesetzbuchs ist der folgende:

§ 123. Wer in die Wohnung, in die Geschäftsräume oder in das befriedete Besitztum eines andern oder in abgeschlossene Räume, welche zum öffentlichen Dienste oder Verkehre bestimmt sind, widerrechtlich eindringt, oder wer, wenn er ohne Befugnis darin verweilt, auf die Aufforderung des Berechtigten sich nicht entfernt, wird wegen Hausfriedensbruchs mit Geldstrafe oder mit Gefängnis bis zu drei Monaten bestraft.

Ist die Handlung von einer mit Waffen versehenen Person oder von mehreren gemeinschaftlich begangen worden, so tritt Geldstrafe oder Gefängnisstrafe bis zu einem Jahre ein.

Die Verfolgung tritt nur auf Antrag ein. Die Zurücknahme des Antrags ist zulässig.

§ 185. Die Beleidigung wird mit Geldstrafe oder mit Haft oder mit Gefängnis bis zu einem Jahre und, wenn die Beleidigung mittels einer Tätlichkeit begangen wird, mit Geldstrafe oder mit Gefängnis bis zu zwei Jahren bestraft.

§ 186. Wer in Beziehung auf einen andern eine Tatsache behauptet oder verbreitet, welche denselben verächtlich zu machen oder in der öffentlichen Meinung herabzuwürdigen geeignet ist, wird, wenn nicht diese Tatsache erweislich wahr ist, wegen Beleidigung mit Geldstrafe oder mit Haft oder Gefängnis bis zu einem Jahre und, wenn die Beleidigung öffentlich oder durch Verbreitung von Schriften, Abbildungen oder Darstellungen begangen ist, mit Geldstrafe oder mit Gefängnis bis zu zwei Jahren bestraft.

§ 187. Wer wider besseres Wissen mit Beziehung auf einen andern eine unwahre Tatsache behauptet oder verbreitet, welche denselben verächtlich zu machen oder in der öffentlichen Meinung herabzuwürdigen oder dessen Kredit zu gefährden geeignet ist, wird wegen verleumderischer

Sonst aber gehen den Schiedsmann Straftaten, die auch ohne Strafantrag verfolgt werden können, selbst dann nichts an, wenn sie in die vorerwähnten Kategorien fallen. Im einzelnen ist dazu folgendes zu bemerken: Fälle, in denen ein Haus-

---

Beleidigung mit Gefängnis bis zu zwei Jahren und, wenn die Verleumdung öffentlich oder durch Verbreitung von Schriften, Abbildungen oder Darstellungen begangen ist, mit Gefängnis nicht unter einem Monat bestraft.

Sind mildernde Umstände vorhanden, so kann die Strafe bis auf einen Tag Gefängnis ermäßigt oder auf Geldstrafe erkannt werden.

§ 189. Wer das Andenken eines Verstorbenen dadurch beschimpft, daß er wider besseres Wissen eine unwahre Tatsache behauptet oder verbreitet, welche denselben bei seinen Lebzeiten verächtlich zu machen oder in der öffentlichen Meinung herabzuwürdigen geeignet gewesen wäre, wird mit Gefängnis bis zu sechs Monaten bestraft.

Sind mildernde Umstände vorhanden, so kann auf Geldstrafe erkannt werden.

Die Verfolgung tritt nur auf Antrag der Eltern, der Kinder oder des Ehegatten des Verstorbenen ein.

§ 196. Wenn die Beleidigung gegen eine Behörde, einen Beamten, einen Religionsdiener oder ein Mitglied der bewaffneten Macht, während sie in der Ausübung ihres Berufes begriffen sind, oder in Beziehung auf ihren Beruf begangen ist, so haben außer den unmittelbar Beteiligten auch deren amtliche Vorgesetzte das Recht, den Strafantrag zu stellen.

§ 223. Wer vorsätzlich einen anderen körperlich mißhandelt oder an der Gesundheit beschädigt, wird wegen Körperverletzung mit Gefängnis bis zu drei Jahren oder mit Geldstrafe bestraft.

Ist die Handlung gegen Verwandte aufsteigender Linie begangen, so ist auf Gefängnis nicht unter einem Monat zu erkennen.

§ 230. Wer durch Fahrlässigkeit die Körperverletzung eines anderen verursacht, wird mit Geldstrafe oder mit Gefängnis bis zu zwei Jahren bestraft.

War der Täter zu der Aufmerksamkeit, welche er aus den Augen setzte, vermöge seines Amtes, Berufes oder Gewerbes besonders verpflichtet, so kann die Strafe auf drei Jahre Gefängnis erhöht werden.

§ 232. Die Verfolgung leichter vorsätzlicher, sowie aller durch Fahrfriedensbruch oder eine Beleidigung auch ohne Strafantrag zu verfolgen sind, werden für den Geschäftskreis des Schiedsmanns nicht in Betracht kommen; er hat daher in solchen Sachen stets in Tätigkeit zu treten, wenn er darum angegangen wird. Dagegen können Körperverletzungen in zahlreichen Fällen auch ohne Strafantrag verfolgt werden. Handelt es sich um eine vorsätzliche Körperverletzung, so gilt dies stets dann, wenn sie unter erschwerenden Umständen (z. B. mittels eines Messers, einer Schußwaffe oder eines anderen Gegenstandes, der nach seiner Beschaffenheit eine erhebliche Gefährdung für den Mißhandelten herbeiführt, oder auch von mehreren gemeinschaftlich) begangen wird oder ernste Folgen (z. B. Verlust eines Gliedes, eines Auges) nach sich zieht; ist die Körperverletzung

---

lässigkeit verursachten Körperverletzungen (§§ 223, 230) tritt nur auf Antrag ein, insofern nicht die Körperverletzung mit Übertretung einer Amts-, Berufs- oder Gewerbspflicht begangen worden ist.

Ist das Vergehen gegen einen Angehörigen verübt, so ist die Zurücknahme des Antrags zulässig.

Die in den §§ 195, 196 und 198 enthaltenen Vorschriften finden auch hier Anwendung.

§ 241. Wer einen anderen mit der Begehung eines Verbrechens bedroht, wird mit Gefängnis bis zu sechs Monaten oder mit Geldstrafe bestraft.

§ 299. Wer einen verschlossenen Brief oder eine andere verschlossene Urkunde, die nicht zu seiner Kenntnisnahme bestimmt ist, vorsätzlich und unbefugterweise eröffnet, wird mit Geldstrafe oder mit Gefängnis bis zu drei Monaten bestraft.

Die Verfolgung tritt nur auf Antrag ein.

§ 303. Wer vorsätzlich und rechtswidrig eine fremde Sache beschädigt oder zerstört, wird mit Geldstrafe oder mit Gefängnis bis zu zwei Jahren bestraft.

Der Versuch ist strafbar.

Die Verfolgung tritt nur auf Antrag ein.

Ist das Vergehen gegen einen Angehörigen verübt, so ist die Zurücknahme des Antrags zulässig.

durch Fahrlässigkeit verursacht worden, so ist sie ohne Antrag nur dann verfolgbar, wenn der Täter mit Rücksicht auf sein Amt, seinen Beruf oder sein Gewerbe zu besonderer Aufmerksamkeit verpflichtet gewesen wäre. Die Sachbeschädigung scheidet dann aus, wenn sie Gegenstände religiöser Verehrung oder öffentlichen Interesses betrifft, weil sie in solchen Fällen auch ohne Strafantrag verfolgbar ist. In allen diesen Fällen, in denen es eines Strafantrags nicht bedarf, ist die Tätigkeit des Schiedsmanns also ausgeschlossen; er muß daher seine Vermittlung ablehnen. Ebenso verhält es sich, wenn es sich um die Verletzung des Berufsgeheimnisses durch Rechtsanwälte, Ärzte, Hebammen, Apotheker usw. handelt, das von der oben erwähnten Verletzung fremder Geheimnisse[1]) wohl zu unterscheiden ist.

Das Gleiche gilt bei allen anderen strafbaren Handlungen, z. B. bei Diebstahl, Betrug, Erpressung.

Etwas anderes ist es aber, wenn der Verletzte nicht die Bestrafung des Schuldigen, sondern nur Ersatz des ihm durch die strafbare Handlung zugefügten Schadens, z. B. Entschädigung für Arzt- und Apothekerkosten, für eingetretene Arbeitsunfähigkeit, für beschädigte und entwendete Sachen, oder auch Schmerzensgeld verlangt. Hierüber kann, da es sich dann lediglich um Geld oder Geldeswert handelt, eine Sühneverhandlung vor dem Schiedsmann stattfinden; es ist dann eine „bürgerliche Rechtsstreitigkeit", über die verhandelt wird.

4. Wenn der Schiedsmann ein nahes Interesse an dem Ausgange der Streitsache hat.

Dann ist der Schiedsmann von der Ausübung seines

[1]) Ein Vergreifen an in amtlicher Behandlung befindlichen Briefen, namentlich durch Postbeamte, gehört selbstverständlich ebenfalls nicht hierher; auch solche Fälle sind von der Vornahme eines Sühneversuchs ausgeschlossen.

Amtes kraft Gesetzes *ausgeschlossen*, und er muß sich unbedingt jeder amtlichen Tätigkeit enthalten. Dieser Fall liegt nach ausdrücklicher Bestimmung des Gesetzes vor, wenn der Schiedsmann in der betreffenden Sache selbst Partei ist oder zu einer Partei im Verhältnisse eines Mitberechtigten, Mitverpflichteten oder Ersatzpflichtigen steht, [1]) oder wenn die Ehefrau des Schiedsmanns oder nahe Angehörige desselben (Eltern, Kinder, Schwieger-, Stief-, Adoptiveltern oder -Kinder, Großeltern, Enkel, Geschwister, Onkel, Tanten, Neffen, Nichten, Schwäger, Schwägerinnen) bei der Streitsache beteiligt sind, auch wenn die Ehe des Schiedsmanns oder die Ehe, durch welche die Schwägerschaft begründet wird, nicht mehr besteht, oder wenn der Schiedsmann in der Sache als Prozeßbevollmächtigter oder Beistand einer Partei bestellt oder als gesetzlicher Vertreter (Vater, Vormund, Pfleger) einer Partei aufzutreten berechtigt ist oder berechtigt gewesen ist.

In solchen Fällen wird der Schiedsmann den Antragsteller daher an seinen *Stellvertreter* (vgl. S. 93) verweisen; äußerstenfalls ist die Aufsichtsbehörde (vgl. S. 90) anzurufen, damit sie die Geschäfte vorübergehend auf einen benachbarten Schiedsmann übertragen kann.

5. **Wenn der Antragsteller oder sein Gegner eine Sprache sprechen, die der Schiedsmann nicht kennt oder die ihm nicht genügend geläufig ist.**

Mit Parteien, die der Schiedsmann nicht versteht, kann er selbstverständlich nicht verhandeln. Da er auch einen Dolmetscher nicht zuziehen darf, so bleibt ihm nur übrig die Verhandlung abzulehnen.

---

[1]) Ein solches Verhältnis liegt aber nicht schon dann vor, wenn die Gemeinde oder eine Genossenschaft, der der Schiedsmann als Mitglied angehört, einer der streitenden Teile ist.

6. Wenn zur Gültigkeit des vor dem Schiedsmann abzuschließenden Vergleichs vom Gesetz ausnahmsweise die Verhandlung (Verlautbarung, Beurkundung) vor Gericht oder einem Notar gefordert wird.

Welche Verhandlungen dieses sind, ergibt das Bürgerliche Gesetzbuch.[1]) Es seien hier als die wichtigsten erwähnt: die Übertragung eines Vermögens in seiner Gesamtheit oder zu einem Bruchteil oder die Bestellung eines Nießbrauchs an einem solchen Vermögen; ein Kauf- oder sonstiger Vertrag, in dem sich der eine Teil verpflichtet, das Eigentum an einem Grundstück (z. B. einem Hause, einem Bauplatze, einer Ackerparzelle) auf einen andern zu übertragen; ein Schenkungsversprechen, das erst in der Zukunft erfüllt werden soll; die Übertragung des Anspruchs auf einen künftigen gesetzlichen Erbteil oder Pflichtteil auf einen der künftigen Miterben; der Verzicht auf eine Erbschaft; der Verkauf einer angefallenen Erbschaft oder eines angefallenen Erbteils. — Andere Verträge, bei denen nach dem Gesetz eine gerichtliche oder notarielle Beurkundung erforderlich ist, werden beim Schiedsmann kaum vorkommen. Es sei jedoch bemerkt, daß eine Reihe von Verträgen und Vereinbarungen aus dem Rechte der sog. fortgesetzten Gütergemeinschaft (des Rechtsverhältnisses, das nach dem Tode eines Ehegatten zwischen dem überlebenden Ehegatten und den gemeinschaftlichen Abkömmlingen besteht, wenn die Ehegatten in Gütergemeinschaft gelebt haben) der gleichen Form bedarf; der Schiedsmann hüte sich daher, sich mit diesen ohnehin sehr schwierigen Rechtsbeziehungen zu befassen. —

Stellt sich bei Aufsetzung des Vergleichs heraus, daß in diesen eins der hier aufgezählten Rechtsgeschäfte aufgenommen werden soll, so hat der Schiedsmann seine weitere Mitwirkung

---

[1]) Vgl. besonders §§ 311, 312, 313, 518, 2348, 2371.

abzulehnen und die Parteien an das Gericht oder den Notar zu verweisen.

7. **Wenn die Parteien (oder eine derselben) dem Schiedsmann nicht bekannt sind und auch nicht nachweisen können, daß sie diejenigen sind, für die sie sich ausgeben.**
(Gilt nicht in Strafsachen; vgl. S. 53).

Mit unbekannten Personen darf sich der Schiedsmann nicht einlassen. Er muß sich daher, jedenfalls vor Aufnahme des Protokolls, davon überzeugen, daß eine vor ihm auftretende Person diejenige ist, für die sie sich ausgibt. Es genügt, wenn eine dem Schiedsmann als glaubwürdig bekannte Persönlichkeit (dies darf aber nicht die Gegenpartei sein) den Betreffenden anerkennt. Nötigenfalls kann der Nachweis auch auf andere Weise, z. B. durch Vorlegung von Urkunden, Briefen, welche die Adresse der fraglichen Person tragen, oder durch sonstige Ausweise geführt werden. In vielen Fällen wird dem Schiedsmann auch die Vorlegung der vom Beklagten mitgebrachten Ladung zum Termin (Terminsbestimmung), falls diese ihm durch die Post zugestellt ist, als Legitimation genügen können. Erscheint dem Schiedsmann der Nachweis nicht ausreichend, so muß er die Verhandlung ablehnen. Andernfalls hat er im Protokoll (vgl. S. 41) Angaben darüber zu machen, wodurch er die Überzeugung gewonnen hat, daß die Erschienenen diejenigen gewesen seien, für die sie sich ausgaben.

8. **Wenn der Schiedsmann gegen die Geschäfts- oder Verfügungsfähigkeit einer Partei Bedenken hat.**

Die vor dem Schiedsmanne verhandelnden Personen müssen verfügungsfähig (geschäftsfähig) sein.[1] Sie dürfen also

[1] Auskunft darüber, wann eine Person als geschäftsfähig anzusehen ist, und wann nicht, gibt das Bürgerliche Gesetzbuch (vgl. §§ 104 ff.).

nicht minderjährig (unter 21 Jahre alt), nicht wegen Geisteskrankheit, Geistesschwäche, Verschwendung oder Trunksucht entmündigt und unter Vormundschaft gestellt, nicht geistesgestört oder sinnlos trunken sein; denn in allen diesen Fällen liegt eine Beschränkung der Verfügungsfähigkeit der betreffenden Personen vor, derentwegen sie vor dem Schiedsmanne nicht selbständig verhandeln können. Die Verhandlung mit solchen Personen muß der Schiedsmann ablehnen.[1])

Minderjährige insbesondere müssen sich vor dem Schiedsmanne durch ihren gesetzlichen Vertreter vertreten lassen oder mit diesem erscheinen. Der gesetzliche Vertreter eines Minderjährigen ist regelmäßig der Vater und, wenn dieser nicht mehr lebt, die Mutter. Sind beide Eltern verstorben, oder ist er unehelich, so ist es der Vormund. Hervorgehoben sei, daß der gesetzliche Vertreter in vielen Fällen zum Abschluß von Vergleichen der Genehmigung des Vormundschaftsgerichts bedarf. Soweit es der Fall ist, hat der Schiedsmann von der Aufnahme des Vergleichs Abstand zu nehmen, bis ihm die Genehmigung vorgelegt wird. Wann es der Fall ist, ist eine ungemein schwierige Frage; für den Vormund (nicht für Vater oder Mutter) gilt es z. B. immer dann, wenn ein Vergleich über einen Wert von mehr als 300 RM abgeschlossen werden soll. — Tritt ein Minderjähriger allein auf, so ist er vom Schiedsmann regelmäßig zurückzuweisen. Ausnahmsweise kann ein Minderjähriger selbständig auftreten, wenn ihm sein gesetzlicher Vertreter mit gerichtlicher Genehmigung den selbständigen Betrieb eines Erwerbsgeschäftes (eines Handels- oder Fabrikationsgeschäfts, eines Handwerks, der Landwirtschaft usw.) gestattet oder wenn der gesetzliche Vertreter genehmigt hat, daß er in Dienst oder Arbeit trete. Der Minderjährige kann dann in den auf das fragliche

[1]) Für den Beschuldigten in Strafsachen gilt Abweichendes (vgl. S. 57).

Geschäft oder den Dienst oder die Arbeit bezüglichen Streitsachen im allgemeinen selbständig auftreten, daher auch vor dem Schiedsmann mit seinem Gegner verhandeln und sich vergleichen.

Hat der Schiedsmann Bedenken, ob eine Partei noch minderjährig ist, oder ob eine andere der vorerwähnten Beschränkungen der Verfügungsfähigkeit vorliegt, so muß er die Verhandlung ablehnen.[1]) Ebenso hat er zu verfahren, wenn er sich im Zweifel darüber befindet, ob der gesetzliche Vertreter zum Abschluß eines Vergleichs der Genehmigung des Vormundschaftsgerichts bedarf.

9. **Wenn der eine oder andere Teil sich über seine Eigenschaft als gesetzlicher Vertreter einer Partei (Vormund, Pfleger usw.) oder als Bevollmächtigter nicht ausweisen kann**

(gilt nicht in Strafsachen; vgl. S. 53).

Personen, die wegen mangelnder Verfügungsfähigkeit (siehe vorstehend 8.) nicht selbst auftreten können, haben einen gesetzlichen Vertreter (Vater, Mutter, Vormund, Pfleger), der namens ihrer vor dem Schiedsmanne zu verhandeln befugt ist. Behauptet die eine oder andere der auftretenden Personen eine solche Vertretungsbefugnis zu besitzen, so muß der Schiedsmann prüfen, ob dies richtig ist und, wenn er Bedenken hat und die Betreffenden sich nicht auf Erfordern durch Vorlegung einer Bestallung oder sonst glaubhaft ausweisen können, die Verhandlung ablehnen, sofern die Frage nicht durch Nachfrage beim Amtsgericht geklärt werden kann. Entsprechend liegt die Sache, wenn für sogenannte juristische Personen, d. h. solche Verbände, die das Gesetz den natürlichen Personen (Menschen) ähnlich behandelt, wie z. B. Vereine,[2]) Gemeinden usw., ihre Organe, d. h. die satzungsgemäßen

[1]) Dies gilt nicht in Strafsachen (vgl. S. 53).

[2]) Vereine müssen ins Vereinsregister eingetragen sein, um rechts-

oder gesetzlichen Vertreter, durch die sie ihren Willen kund tun (Vorstand, Bürgermeister, Magistrat usw.), auftreten. Das Gleiche gilt, wenn ein Bevollmächtigter (sofern derselbe überhaupt ausnahmsweise zugelassen werden darf; siehe darüber unten 11.) sich nicht gehörig ausweisen kann, oder wenn etwa die Prüfung einer vorgelegten Vollmacht dem Schiedsmann zu große Schwierigkeiten bereitet. Werden gesetzliche Vertreter (Willensorgane, Bevollmächtigte) zugelassen, so sind sie im Protokoll (vgl. S. 41) in der gleichen Weise aufzuführen wie die Vertretenen, wenn diese auch Partei bleiben und als solche zu bezeichnen sind.

10. Wenn eine Partei blind oder taubstumm ist (gilt nicht in Strafsachen; vgl. S. 53).

Auch mit blinden und taubstummen Personen darf der Schiedsmann nicht verhandeln. Ist jedoch eine Partei nur taub oder nur stumm, so ist die Verhandlung statthaft, wenn eine schriftliche Verständigung mit ihr möglich ist; der Taube muß also lesen und der Stumme schreiben können. Bloße Schwerhörigkeit ist niemals ein Grund, die Verhandlung abzulehnen.

11. Wenn statt der Partei selbst ein Bevollmächtigter sich einfindet.

Wer vor dem Schiedsmann verhandeln will, muß persönlich erscheinen (ausgenommen die vorstehend unter 8. erwähnten Fälle, in denen eine Partei nicht selbständig auftreten darf). Bevollmächtigte darf der Schiedsmann nach ausdrücklicher Bestimmung des Gesetzes regelmäßig [1]) nicht zulassen. Wenn also beispielsweise anstatt eines verklagten Sohnes, der bereits

fähig zu sein; sind sie das nicht, so kommen sie jedenfalls nicht als Antragsteller (höchstens als Antragsgegner) in Betracht.

[1]) Eine Ausnahme gilt in Strafsachen (vgl. S. 57).

volljährig ist, der Vater oder die Mutter im Termine erscheint, oder wenn anstatt einer verklagten Ehefrau der Mann sich einfindet, so kann der Schiedsmann mit diesen nicht verhandeln, muß vielmehr persönliches Erscheinen der Partei fordern und zu diesem Zwecke, wenn nötig, den Termin verlegen. Ausnahmsweise bestimmt jedoch das Gesetz, daß Gemeinden und Korporationen, wenn sie vor dem Schiedsmann verhandeln wollen, sich durch Bevollmächtigte [1]) aus ihrer Mitte vertreten lassen können. Der Bevollmächtigte hat sich, wenn dem Schiedsmann die Verhältnisse nicht bekannt sind, durch gehörige, von dem Willensorgan der Gemeinde oder Korporation (vgl. S. 22) ausgestellte Vollmacht auszuweisen.

Etwas anderes ist es, wenn die Parteien persönlich sich einfinden, aber andere Personen als Beistände für die Verhandlung mitbringen. Solche Beistände, mit alleiniger Ausnahme der Beistände von Personen, die des Lesens oder Schreibens nicht mächtig sind, braucht der Schiedsmann zwar nicht zuzulassen; er kann sie auch, wenn er sie zunächst zugelassen hat, im Laufe der Verhandlung jederzeit noch zurückweisen, selbst wenn die mitgebrachten Beistände nahe Angehörige (Eltern, Ehegatten, Kinder usw.) der Partei sind. [2]) Der Schiedsmann darf sie aber zulassen und wird es tun, wenn sie die Verhandlung nicht stören oder vielleicht gerade dazu beitragen, daß ein gütlicher Ausgleich erzielt wird.

Ausgeschlossen ist die Zurückweisung, wenn der Beistand zugleich selbst beteiligt ist, weil es zur Wirksamkeit des abzuschließenden Vergleichs seiner Mitwirkung bedarf; dies gilt z. B., wenn eine Ehefrau, die an und für sich auch ohne ihren Ehemann verhandeln und Vergleiche abschließen kann, über Sachen

[1]) Von den Bevollmächtigten sind die sog. Organe der Gemeinden und Korporationen zu scheiden; vgl. oben S. 22.

[2]) Eine Ausnahme gilt in Strafsachen (vgl. S. 57).

verfügen will, die zu ihrem in die Ehe eingebrachten Gute gehören, oder wenn der auf Zahlung einer Geldsumme gerichtete Vergleich aus dem eingebrachten Gut erfüllt werden soll. Hier darf der Schiedsmann den Ehemann, dessen Einwilligung erforderlich ist, nicht nur nicht zurückweisen, sondern er muß ihn sogar, auch wenn er nicht miterschienen ist, zu der Verhandlung zuziehen, damit er sich der Zwangsvollstreckung in das eingebrachte Gut unterwirft;[1]) eine eigene Verpflichtung übernimmt er damit nicht; er erklärt vielmehr nur, daß er gegen die Zwangsvollstreckung in das eingebrachte Gut seiner Ehefrau Einwendungen nicht erhebt.

---

3. Sachen, die der Schiedsmann nicht anzunehmen braucht.

Der Schiedsmann muß zwar im allgemeinen alle Streitsachen, die sich überhaupt zur Verhandlung vor ihm eignen, und die er nicht aus den unter voriger Nummer erörterten Gründen zurückzuweisen verpflichtet ist, annehmen. Er kann aber die Terminsansetzung verweigern oder auch, wenn er sich auf den Termin schon eingelassen hat, noch im Termin selbst die weitere Besprechung der Sache ablehnen:

1. **Wenn er nicht der eigentlich zuständige Schiedsmann ist.**

An sich zuständig zur Vornahme der Sühneverhandlung ist der Schiedsmann nur dann, wenn der Verklagte in seinem Bezirk wohnt.[2]) Es ist den Parteien aber freigestellt, sich an

---

[1]) Wenn die Ehefrau selbständig ein Erwerbsgeschäft betreibt (vgl. S. 21), so bedarf es hinsichtlich von Ansprüchen, die aus dem Erwerbsgeschäft herrühren, einer Erklärung des Ehemanns nicht.

[2]) Die Schiedsmannsordnung spricht hier vom Wohnsitz, bei den

einen anderen Schiedsmann, als den an sich zuständigen, zu wenden, wenn sie zu diesem besonderes Vertrauen haben, oder wenn dieser aus anderen Gründen zur Vornahme des Sühneversuches geeigneter erscheint. Nur kann es dem Schiedsmann nicht zugemutet werden, solche eigentlich nicht vor ihn gehörige Sachen auch wider seinen Willen annehmen zu müssen; er ist daher berechtigt, in solchem Falle die Annahme der Sache abzulehnen und die Parteien an den eigentlich zuständigen Schiedsmann zu verweisen.

2. Wenn die streitige Angelegenheit zu weitläufig oder zu schwierig für ihn ist
(gilt nicht in Strafsachen; vgl. S. 53).

Das Amt des Schiedsmanns ist ein Ehrenamt (vgl. S. 87). Es würde unbillig sein, ihm Geschäfte aufzubürden, die eine übergroße Belästigung für ihn zur Folge hätten. Es ist daher den Schiedsmännern allgemein die Befugnis gegeben, ihre Vermittlung abzulehnen, wenn die Verhandlung ihnen außergewöhnliche Mühe oder übermäßige Zeitversäumnis verursachen würde, weil etwa die Streitpunkte zu zahlreich oder zu verwickelter Natur sind, oder weil die Rechtskenntnisse oder Erfahrungen des Schiedsmanns nicht ausreichen, um einen der Sachlage angemessenen Vergleichsvorschlag machen zu können.

Es ist in das Ermessen des Schiedsmanns gestellt, ob er aus solchem Grunde eine Sache ablehnen will. Er darf dabei einerseits nicht die Wirksamkeit seines Amtes gefährden, indem

---

Sondervorschriften für Strafsachen von der Wohnung des Verklagten (Beschuldigten). Wohnsitz ist ein juristischer Begriff, der im Bügerlichen Gesetzbuch eine eingehende Behandlung erfahren hat; er ist enger als der Begriff Wohnung, weil er den Willen zu ständiger Niederlassung erfordert. Einzelheiten würden zu weit führen; praktische Bedeutung für den Schiedsmann wird die Unterscheidung kaum je gewinnen.

er von dieser Befugnis einen allzu weitgehenden Gebrauch macht; er darf aber andererseits auch nicht unberücksichtigt lassen, daß die Annahme zu schwieriger Sachen durch ihn häufig gar nicht dem Interesse der Parteien entspricht, da dann die Gefahr nahe liegt, daß der Schiedsmann Vergleiche stiftet, die unklar sind oder der Sachlage nicht entsprechen und wohl gar wieder neuen Anlaß zu Prozessen geben. In solchen Fällen ist es richtiger, wenn der Schiedsmann die Verhandlung ablehnt und die Parteien an das Amtsgericht verweist, bei dem nach den am 1. Juni 1924 in Kraft getretenen Bestimmungen der Erhebung der Klage ohnehin ein Güterverfahren voranzugehen hat.

---

4. Die Vorbereitung des Termins.

Nachdem wir im Vorstehenden gesehen haben, welche Streitsachen der Schiedsmann nicht annehmen **darf** und welche er nicht anzunehmen **braucht**, ist nun zu betrachten, wie das Verfahren vor dem Schiedsmann verläuft.

1. Damit der Schiedsmann überhaupt in einer Sache tätig werden kann, muß die **Ansetzung eines Termins** bei ihm **beantragt** werden. Dieser **Antrag** kann von jedem der streitenden Teile gestellt werden und zwar schriftlich oder mündlich. Der **schriftliche** Antrag muß den Namen, den Stand und Wohnort der Parteien, eine allgemeine Angabe des Gegenstandes der Verhandlung und die Unterschrift des Antragstellers enthalten, widrigenfalls der Schiedsmann ihn nicht zu berücksichtigen braucht. Auch für die Stellung des Antrags auf Terminsanberaumung gilt ferner, wie besonders hervorzuheben ist, die Regel, daß die Vertretung durch Bevollmächtigte in dem Verfahren vor dem Schiedsmann ausgeschlossen ist (vgl. S. 23); der Schiedsmann ist daher, wie der Justizminister gelegentlich

entschieden hat,[1]) befugt, einen solchen Antrag, wenn er von einem Bevollmächtigten (z. B. auch von einem Rechtsanwalt) gestellt wird, zurückzuweisen.

Wird die Ansetzung eines Sühnetermins **mündlich** beim Schiedsmann beantragt, so muß [2]) dieser über den Antrag auf einem besonderen Bogen Papier ein **Protokoll** aufnehmen, etwa so: [3])

Neustadt, den 1. April 1925.

Es erscheint der Handelsmann Friedrich Müller von hier und beantragt einen Sühnetermin mit dem Schuhmacher Heinrich Bergmann hierselbst, weil dieser ihn am 25. März d. J. in der Helbingschen Gastwirtschaft in Waldhof einen Betrüger genannt habe (oder: weil dieser ihm an rückständiger Wohnungsmiete für die Zeit vom 1. Januar bis 31. März d. J. den Betrag von 30 RM schuldig sei und Zahlung verweigere).

Vorgelesen, genehmigt, unterschrieben:
Friedrich Müller.

Geschlossen
Hartmuth, Schiedsmann.

Der Schiedsmann braucht in das Protokoll, das er über den bei ihm mündlich gestellten Antrag auf Terminsansetzung aufnimmt, nicht den ganzen Hergang, den ihm der Antragsteller etwa erzählt, aufzunehmen. Das würde für ihn sehr lästig sein und ist durchaus überflüssig. Das Gesetz verlangt für den An-

---

[1]) Verfügung vom 18. März 1914 (I 7311).

[2]) Inwieweit der Schiedsmann seine Tätigkeit von einer Vorschußzahlung abhängig machen darf, darüber vgl. S. 74, 75.

[3]) Zu solchen Protokollen (wie zu verschiedenen anderen Niederschriften) benutzt der Schiedsmann zweckmäßig ein **Formular**, wodurch ihm die Arbeit erleichtert und die Ordnungsmäßigkeit der Niederschrift gewährleistet wird. Siehe die Ankündigung am Schlusse des Buches betr. **Formulare für Schiedsmänner**.

trag nur „eine allgemeine Angabe des Gegenstandes der Verhandlung". Danach könnte man freilich meinen, daß es genüge, wenn der Schiedsmann schreibt: „X beantragt einen Termin mit Z wegen Beleidigung" oder: „wegen Forderung". Das wird aber nicht der Sinn des Gesetzes sein. Der Verklagte, dem der Antrag zugeht, muß daraus entnehmen können, worum es sich handelt. Der Schiedsmann wird daher den Antrag so fassen, daß der Gegner sich nicht im Zweifel darüber befinden kann, was der andere von ihm will. Davon wird es auch häufig abhängen, ob der Verklagte sich entschließt, in dem Termin zu erscheinen oder nicht.

Der Schiedsmann ist auch durchaus nicht verpflichtet, sich bei der Aufnahme des Antrages vom Antragsteller den ganzen Sachverhalt weitläufig auseinandersetzen zu lassen. Das hat gar keinen Zweck. Der Schiedsmann fragt ihm das ab, was er niederzuschreiben hat, und verweist den Redelustigen mit seinen weiteren Ausführungen auf den Termin.

2. Der Schiedsmann setzt nun unter dieses Protokoll (oder wenn ein schriftlicher Antrag auf Terminsansetzung eingegangen ist, der obigen Erfordernissen genügt, unter diesen Antrag oder auf eine Anlage desselben) die Terminsbestimmung (Ladung zum Termin) wie folgt:[1])

Termin: Montag, 6. April d. J. abends 8 Uhr in der Wohnung[2]) des Unterzeichneten. Die Partei, die etwa in

---

[1]) Wegen der Ladung in Strafsachen vgl. S. 55.

[2]) Der Ort, wo der Sühnetermin stattfinden soll, braucht nicht notwendig die Wohnung des Schiedsmanns zu sein; er kann die Parteien auch an einen anderen Ort laden, z. B. in die Gemeindestube, auf das Rathaus usw., wenn ihm solche Räumlichkeiten zu Gebote stehen, oder auch an Ort und Stelle, wenn es sich etwa um eine Grenzstreitigkeit oder dgl. handelt. Voraussetzung ist nur, daß er sich innerhalb der Grenzen seines Amtsbezirks hält. (Für den Fall der Stellvertretung gibt es eine Ausnahme; vgl. S. 94.) — Auch den Tag und die Stunde

diesem Termin nicht erscheinen kann oder will, muß mir dies bei Vermeidung einer Ordnungsstrafe bis zu 30 RM spätestens am 5. April anzeigen. Dieses Schriftstück ist zum Termin mitzubringen.

Neustadt, 1. April 1925.

Hartmuth, Schiedsmann.

Das gedachte Schriftstück (also der eingegangene schriftliche Antrag oder das vom Schiedsmann über den mündlichen Antrag aufgenommene Protokoll mit der von ihm unter den Antrag oder das Protokoll gesetzten Terminsbestimmung) muß nun dem Verklagten behändigt werden. Am einfachsten geschieht dies in der Weise, daß der Schiedsmann das Schriftstück dem Antragsteller, wenn dieser den Antrag persönlich angebracht hat, mitgibt und es ihm überläßt, für die Behändigung an den Gegner zu sorgen; er ist dann der Mühe, dies selbst zu tun, überhoben. Nur in Strafsachen (und das sind ja allerdings die meistvorkommenden Sachen) ist diese Art der Behändigung gesetzlich nicht zulässig (vgl. S. 55). Aber auch in anderen Sachen kann der Schiedsmann, wenn er es für angebracht hält, die Zustellung an den Verklagten selbst veranlassen.[1] Er muß das aber in zuverlässiger Weise tun und sich Gewißheit darüber verschaffen, daß das zuzustellende Schriftstück auch wirklich in die Hände der Partei gelangt, z. B. indem er es selbst übergibt oder sich eines verläßlichen Boten bedient; durch bloßen Einwurf eines die Ladung enthaltenden Briefes in den Postbriefkasten wird dem erwähnten Erfordernis, wie das Reichsgericht aus-

des Termins kann der Schiedsmann nach seinem Ermessen, unter tunlichster Berücksichtigung der Verhältnisse, bestimmen.

[1]) Dies empfiehlt sich auch deshalb, weil in solchem Falle die zum Termin wieder mitgebrachte Vorladung dem Schiedsmanne als Ausweis (vgl. S. 20) wohl meist genügen wird, und weil der Nachweis der Zustellung die Voraussetzung für die Verhängung einer Ordnungsstrafe im Falle des Ausbleibens bildet (vgl. S. 33).

gesprochen hat,[1]) nicht genügt; der Schiedsmann wird vielmehr bei dieser Art Zustellung darauf bedacht sein müssen, in den Besitz einer Empfangsbescheinigung[2]) zu kommen. Bewirkt der Schiedsmann die Zustellung nicht in zuverlässiger Weise, so kann er sich unter Umständen schadensersatzpflichtig machen.

Veranlaßt der Schiedsmann die Zustellung selbst, so muß er auch den Antragsteller von Zeit und Ort des Termins schriftlich benachrichtigen, wenn er ihm beides nicht mündlich eröffnet hat. Diese schriftliche Benachrichtigung würde etwa so lauten:

Neustadt, den 1. April 1925.

Auf den von Ihnen heute gestellten Antrag habe ich Termin zur Sühneverhandlung mit dem Schuhmacher Heinrich Bergmann hier auf Montag, 6. d. M., abends 8 Uhr in meiner Wohnung angesetzt. Sie werden hiervon mit dem Bemerken benachrichtigt, daß Sie mir bei Vermeidung einer Ordnungsstrafe bis zu 30 RM spätestens am 5. April Anzeige zu machen haben, wenn Sie etwa im Termin nicht erscheinen werden.

Hartmuth, Schiedsmann.

Diese Benachrichtigung muß dem Antragsteller gleichfalls auf zuverlässige Weise zugestellt werden.

Eine bloß mündliche Bestellung des Verklagten zum Sühnetermin ist nach dem Gesetze nicht statthaft; ein solches Verfahren wäre einer gedeihlichen Wirksamkeit der Schiedsmänner auch nicht förderlich. Der vor den Schiedsmann Geladene muß genau wissen, wer den Antrag gestellt hat und um welche Angelegenheit es sich handelt, damit er sich entschließen kann, ob er sich auf den Termin einlassen will. Eine mündliche Bestellung wird leicht falsch ausgerichtet, kommt auch nicht immer an die richtige Stelle; der Geladene fühlt sich vielleicht durch die Person des Boten, durch die Art der Bestellung und der-

[1]) Entscheidungen des Reichsgerichts in Zivilsachen Bd. 62 S. 176.

[2]) Zweckmäßig ist eingeschriebener Brief gegen Rückschein.

gleichen Nebenumstände verletzt und leistet aus diesem Grunde der Ladung keine Folge; damit ist dann die Vermittlung des Schiedsmanns, die vielleicht für beide Teile von Vorteil gewesen wäre, vereitelt. Es ist deshalb unumgänglich notwendig, daß der Schiedsmann die Vorladung stets in der angegebenen Weise *schriftlich* besorgt.

3. Anders verfährt der Schiedsmann, wenn der Antrag auf Ansetzung eines Sühnetermins nicht von der einen Partei allein gestellt wird, sondern *beide Teile* vor dem Schiedsmann sich freiwillig einfinden, um einen Termin zu beantragen. In diesem Falle kann, wenn es allen recht ist, der Sühneversuch sogleich stattfinden. Wenn nicht, so kann wenigstens der Schiedsmann den Parteien Tag und Stunde des Termins mündlich eröffnen, so daß es einer besonderen Vorladung zum Termin nicht bedarf. Ebensowenig ist es nötig, daß der Schiedsmann in solchem Fall ein Protokoll über den Antrag aufnimmt.

4. *Lehnt der Schiedsmann die Ansetzung eines Termins ab*, sei es, weil der eingegangene schriftliche Antrag den oben mitgeteilten Erfordernissen nicht genügt oder weil der Schiedsmann aus den auf S. 9 bis 27 angegebenen Gründen die Sache nicht annehmen darf oder nicht anzunehmen braucht und nicht annehmen will, so muß er dies dem Antragsteller (mündlich oder schriftlich) unter Angabe des Grundes mitteilen. Einen schriftlichen Vermerk braucht er darüber *nicht* zu machen.

5. Wohnen die Parteien in verschiedenen Gemeindebezirken, so hat der für den Wohnort des Antragstellers zuständige Schiedsmann auf Verlangen den Antrag zu Protokoll entgegenzunehmen (vgl. oben 1.).[1]) Das Protokoll hat er in diesem Falle unverzüglich dem zuständigen Schiedsmann zu übersenden. Dieser verfährt dann entsprechend oben 2.

[1]) Auch in diesem Falle stehen ihm Schreibgebühren und Ersatz der baren Auslagen zu (vgl. S. 74 f.).

5. Ausbleiben der Parteien im Termin.

1. Der Verklagte ist nicht verpflichtet, in dem vom Schiedsmann angesetzten Termine zu erscheinen.[1]) Es hängt von seinem freien Willen ab, ob er den vom Antragsteller eingeschlagenen Weg, eine gütliche Einigung vor dem Schiedsmann zu versuchen, beschreiten will. Will er aber oder kann er in dem angesetzten Termin nicht erscheinen, so muß er dies dem Schiedsmann rechtzeitig, d. h. spätestens am Tage vor dem Termin, anzeigen. Die gleiche Verpflichtung gilt für den Antragsteller, wenn er behindert ist, den Termin wahrzunehmen. Bleibt eine Partei oder bleiben beide Parteien im Termine ohne vorherige rechtzeitige Anzeige aus, so kann der Schiedsmann, wenn er für die Sache zuständig ist, d. h. wenn der Verklagte in seinem Bezirke wohnt oder zu erkennen gegeben hat, daß er mit der Verhandlung vor diesem Schiedsmann einverstanden ist (vgl. S. 25), gegen den oder die Ausgebliebenen[2]) eine Ordnungsstrafe von einer bis zu 30 RM festsetzen. Die Bestrafung darf nur erfolgen, wenn der Schiedsmann den Nachweis dafür in Händen hat, daß den Parteien die Terminsbestimmung ordnungsmäßig bekannt geworden ist. Ob der Schiedsmann eine Strafe festsetzen will und gegebenenfalls in welcher Höhe, ist ganz in sein Ermessen gestellt. Die Geldstrafe fließt in die Kasse der Gemeinden, welche zum Schiedsmannsbezirke gehören. Der Schiedsmann setzt die Strafe unter Beifügung seiner Unterschrift und Beidrückung seines Amtssiegels fest und übergibt das Schriftstück dem Gemeindevorstande zur weiteren Veranlassung. Über die Festsetzung muß er einen datierten und unterschriebenen Vermerk in die letzte Spalte des

[1]) Anders in Strafsachen (vgl. S. 57).

[2]) In den Fällen, in denen ein gesetzlicher Vertreter oder ein Willensorgan auftreten muß (vgl. S. 22), gegen diese, nicht gegen die Partei.

Terminkalenders aufnehmen. Die Straffestsetzung kann etwa in folgender Weise gefaßt werden:

Gegen den Schuhmacher Heinrich Bergmann hierselbst, der in dem vom unterzeichneten Schiedsmann auf den 6. d. M. angesetzten Sühnetermin ohne vorherige rechtzeitige Anzeige nicht erschienen ist, obwohl er geladen war, wird hiermit eine Ordnungsstrafe von 2 RM festgesetzt.

Neustadt, den 7. April 1925.

(Hierher der Siegelabdruck.) Hartmuth, Schiedsmann.

An

den Magistrat

zu Neustadt

zur weiteren Veranlassung wegen Einziehung der Strafe.

Stellt sich später heraus, daß den Säumigen kein oder nur geringes Verschulden trifft, so kann der Schiedsmann die Ordnungsstrafe nachträglich erlassen oder ermäßigen; er muß dann dem Gemeindevorstande entsprechende Nachricht geben. Beschwerden gegen die Straffestsetzung werden im Dienstaufsichtswege erledigt (vgl. S. 90).

2. Erklärt der Verklagte rechtzeitig, daß er in dem Termin nicht erscheinen will,[1]) so ist damit die Sache für den Schiedsmann erledigt, und er braucht sich für die Terminsstunde nun nicht mehr bereit zu halten; er wird aber, wenn tunlich, den Antragsteller von dem Ausfallen des Termins noch benachrichtigen. Erklärt aber etwa der Verklagte oder der Antragsteller, daß er verhindert sei, in dem angesetzten Termin zu erscheinen, so setzt der Schiedsmann auf besonderem Bogen einen neuen Termin an, etwa so:

Nachdem in der Sühnesache des Handelsmanns Friedrich Müller mit dem Schuhmacher Heinrich Bergmann, beide hier-

[1]) In Strafsachen hat er dies Recht nicht (vgl. S. 57).

selbst, Müller (Bergmann) mitgeteilt hat, daß er verhindert sei, in dem auf den 6. d. M. bestimmten Termiu zu erscheinen, wird ein neuer Termin auf

Dienstag, 14. d. M., abends 8 Uhr in der Wohnung des Unterzeichneten

angesetzt. Die Partei, die etwa in diesem Termin nicht erscheinen kann oder will, muß mir dies bei Vermeidung einer Ordnungsstrafe bis zu 30 RM spätestens am 13. d. M. anzeigen.

Neustadt, den 4. April 1925.

Hartmuth, Schiedsmann.

Ist es der Antragsteller, der die neue Terminsbestimmung veranlaßt hat, so kann ihm der Schiedsmann, wenn er persönlich erschienen ist und sonstige Gründe nicht entgegenstehen, die neue Ladung zum Zwecke der Aushändigung an den Gegner mitgeben. Ist die Behinderungsanzeige schriftlich erfolgt oder vom Verklagten ausgegangen, so fertigt der Schiedsmann die neue Terminsbestimmung doppelt an und stellt sie beiden Teilen in der auf S. 30 angegebenen Weise zu. Findet sich Gelegenheit, dem einen oder anderen Teile oder auch beiden den neuen Termin mündlich mitzuteilen, so ist Zustellung einer schriftlichen Ladung zum neuen Termin nicht erforderlich. Nur in Strafsachen muß auf alle Fälle die Ladung zum neuen Termin dem Verklagten schriftlich und in zuverlässiger Weise (nicht durch Vermittlung des Klägers) zugestellt werden; vgl. S. 55.

Entschuldigt sich eine Partei wiederholt und hat der Schiedsmann genügenden Grund, zu vermuten, daß sie in Wirklichkeit nicht erscheinen will und die Sache nur hinzuziehen bestrebt ist, so wird dem Schiedsmann nicht zugemutet werden können, nochmals Termin anzusetzen; er wird also den Sühneversuch als mißlungen ansehen. Dies gilt insbesondere in Strafsachen dann, wenn der Antragsteller, weil ihm Fristablauf droht (vgl.

S. 52 Anm. 2), ein Interesse daran hat, bald in den Besitz einer Bescheinigung über die Erfolglosigkeit des Sühneversuchs zu gelangen.

---

6. Die Verhandlung im Termin.

1. Im Termin haben die Parteien, und zwar zuerst der Antragsteller, dann der Gegner, ihre Sache dem Schiedsmann mündlich vorzutragen. (Über die Verhandlung mit stummen oder tauben Personen vgl. S. 39.) Schriftliche Auseinandersetzungen, Rechtsausführungen usw., wie sie oft von Winkelschreibern verfaßt werden, braucht der Schiedsmann nicht anzunehmen, noch weniger sich solche von den Parteien vorlesen zu lassen. Etwas anderes ist es, wenn eine Partei etwa schriftliche Rechnungsaufstellungen, Schuldurkunden u. dgl. vorlegt, deren Einsicht für die Verhandlung von Bedeutung sein kann. Der Schiedsmann muß dafür Sorge tragen, daß sich jede Partei auf die Behauptungen des Gegners gehörig erklären kann. Bei der Leitung der Verhandlung muß er aber wohl beachten, daß er nicht berufen ist, einen Streit zu entscheiden, sondern daß es seine Aufgabe ist, durch ruhige, sachliche Auseinandersetzung und versöhnliches Zureden darauf hinzuwirken, daß die Streitenden sich verständigen und die zwischen ihnen bestehenden Streitpunkte im Wege des gütlichen Übereinkommens beilegen. Er wird dabei denjenigen, der seiner Meinung nach im Unrecht ist, zum Nachgeben zu bewegen suchen, und, wenn dies nicht zu erreichen ist, Vermittlungsvorschläge machen. Dreht sich z. B. der Streit um eine Forderung, die ganz oder zum Teil bestritten wird, so wird es häufig zweckmäßig sein, den streitigen Teil der Forderung zu teilen, so daß also der Kläger die Hälfte des vom Verklagten bestrittenen Teils seiner Forderung

fallen läßt, der Gegner aber die Hälfte dessen, was er zu zahlen nicht verpflichtet zu sein glaubt, vergleichsweise zu zahlen sich erbietet. Handelt es sich dagegen in Strafsachen darum, daß dem Beleidigten oder Verletzten eine Genugtuung gegeben werden muß, so ist der Schiedsmann, auch wenn der Verklagte seine Schuld eingesteht, zwar nicht berechtigt, gegen ihn eine Strafe festzusetzen; er wird jedoch darauf hinwirken, daß der Schuldige dem Gegner eine diesen zufriedenstellende Erklärung (Ehrenerklärung) abgibt und sein Bedauern über das Vorgefallene ausdrückt. Außerdem kann aber auch (neben einem etwa an den Kläger selbst zu zahlenden Schmerzensgelde oder einer Entschädigung für gehabte Kurkosten, für erlittene Geschäftsnachteile u. dgl.) eine von dem schuldigen Teil freiwillig zu erlegende Buße vereinbart werden, welche meist in Zahlung einer bestimmten Geldsumme oder in einer sonstigen Leistung zugunsten irgendeiner milden Stiftung, einer Armen- oder Krankenanstalt oder zu einem sonstigen gemeinnützigen Zwecke besteht. Sache des Schiedsmanns ist es, unter Berücksichtigung der Verhältnisse der Beteiligten einen dahingehenden Vorschlag zu machen.[1]) Der viel in Anspruch genommene Schiedsmann

[1]) Dabei wird zweckmäßig ausgemacht, daß die für die milde Stiftung usw. bestimmte Summe binnen der und der Zeit an den Schiedsmann zur Weiterbeförderung an den Vorsteher der Anstalt oder direkt an den letzteren selbst einzuzahlen ist. Im letzteren Falle macht der Schiedsmann dem Vorstande der Stiftung usw. eine kurze Mitteilung darüber. Daß und wann diese Mitteilung erfolgt ist, wird in der letzten Spalte des Terminkalenders (vgl. S. 64) kurz vermerkt. Die Schreibgebühr für die Mitteilung (vgl. S. 75) hat der Zahlungspflichtige zu tragen. Weigert oder verzögert der Schuldner demnächst die von ihm versprochene Zahlung, so kann sie im Zwangsvollstreckungswege erzwungen werden, zu welchem Zwecke die Gegenpartei, die sich die Leistung an die milde Stiftung usw. hat versprechen lassen, eine vollstreckbare Ausfertigung des Vergleichs beschaffen muß (vgl. S. 71). Die Partei

findet auf diese Weise Gelegenheit, durch geschickte Leitung der Verhandlungen solchen von ihm für unterstützungswürdig erachteten Anstalten oft nicht unerhebliche Vorteile zuzuwenden und sich dadurch eine Genugtuung für manche Verdrießlichkeit seines mühevollen Amts zu verschaffen.

Der Schiedsmann muß es sich zum Grundsatz machen, den Parteien genügend Zeit zu lassen, sich auszusprechen, so sehr auch seine Geduld unter Umständen dadurch auf die Probe gestellt werden kann. Besonders in Strafsachen (aber auch in anderen) ist dieses einfache Mittel meist von außerordentlichem Erfolg. Die den Streitenden gewährte Gelegenheit, ihrem Groll Luft zu machen, das, was sie gegen den anderen Teil auf dem Herzen haben, in Gegenwart einer Vertrauens- und Respektsperson vorzubringen, wirkt erfahrungsmäßig auf die Streitlust

hat dann auf Grund dieser Urkunde die Zwangsvollstreckung gegen den säumigen Schuldner beim Gerichtsvollzieher zu betreiben; die Zulässigkeit dieser Art des Vorgehens steht freilich nicht ganz außer Zweifel, da es sich nicht um eine Leistung an den Gläubiger selbst, sondern an einen Dritten handelt.

Kommt eine Partei der von ihr übernommenen Verpflichtung, einen Widerruf, eine Ehrenerklärung usw. zu veröffentlichen, nicht nach, so bleibt der Gegenpartei gleichfalls nur übrig, sich eine vollstreckbare Ausfertigung des Vergleichs erteilen zu lassen und sich damit an das Amtsgericht zu wenden, falls sie nicht so vorsichtig gewesen ist, sich für diesen Fall das Recht auf gerichtliche Verfolgung der Straftat vorzubehalten (vgl. S. 45 Anm. 1).

Dem Schiedsmann selbst steht nicht das Recht zu, eine Partei zur Erfüllung der von ihr übernommenen Verpflichtungen anzuhalten; gütliche Ermahnungen sind ihm selbstverständlich gestattet und können unter Umständen zweckdienlich sein.

Hat der Schiedsmann das von einer Partei zu einem wohltätigen Zwecke Gezahlte in Empfang genommen, so ist nötig, daß er darüber sowie über die alsbaldige Aushändigung der Summe an den Berechtigten sofort in der letzten Spalte des Terminkalenders einen Vermerk macht.

außerordentlich abkühlend; die Parteien, die soeben noch in voller Erbitterung einander gegenüberstanden, sind in vielen Fällen jetzt unschwer zu bereden, nunmehr die Sache auf sich beruhen zu lassen und den Vorschlägen des Schiedsmanns Gehör zu geben.

Aber wie, fragt vielleicht mancher ängstliche Schiedsmann, kann ich z. B. in einer bürgerlichen Rechtsstreitigkeit einen Vergleich stiften, da ich doch nicht rechtskundig bin? Darauf kommt es in sehr vielen Fällen gar nicht an. Der gesunde Menschenverstand weiß hier wohl den Weg zu finden, der die streitenden Teile zusammenführt. Macht der Schiedsmann unter Berücksichtigung der Behauptungen der Parteien, der Aussagen etwaiger unbeteiligter Auskunftspersonen und seiner sonstigen Kenntnis der Verhältnisse einen nach seinem verständigen Ermessen für beide Teile annehmbaren Vergleichsvorschlag, so wird hierdurch ein besserer Erfolg erzielt, als wenn vom Gericht ein Urteil gesprochen wird, mit welchem beide Teile unzufrieden sind, weil es durch schwere Prozeßkosten erkauft ist. Unbedingt nötig ist aber, daß der Schiedsmann in dem nach Abschluß eines Vergleichs von ihm aufzunehmenden Protokoll (vgl. S. 41) genau und klar angibt, auf was die Parteien sich geeinigt haben; es muß also aus dem Protokoll zu ersehen sein: welche Ansprüche gibt die eine oder andere Partei (ganz oder teilweise) auf? zu welcher Zahlung oder sonstigen Leistung hat sich die eine oder andere Partei verpflichtet? wann soll die Leistung bewirkt werden? welcher Zustand (z. B. bei einer Grenzstreitigkeit) wird von beiden Teilen nun als der richtige anerkannt? u. dgl.

2. Ist eine der Parteien taub oder stumm, so darf und muß der Schiedsmann sie zur Verhandlung zulassen, wenn eine schriftliche Verständigung mit ihr möglich ist. Bei Verhandlung mit einer tauben Partei haben dann der Gegner sowie der

Schiedsmann, bei Verhandlung mit einer stummen Partei diese selbst ihre Erklärungen, Fragen und Vorschläge niederzuschreiben, während im übrigen mündlich verhandelt werden kann. Ist eine solche Verständigung möglich gewesen und daher eine Einigung zwischen den Parteien erzielt worden, so legt der Schiedsmann das über den Vergleich aufgenommene Protokoll (vgl. S. 41) dem Tauben, anstatt es ihm vorzulesen, zur Durchsicht vor, während es dem Stummen natürlich in gleicher Weise wie der anderen Partei vorgelesen wird. In den ebengedachten Fällen muß der Schiedsmann einen Vermerk in das Protokoll aufnehmen, daß mit einem Tauben oder Stummen verhandelt worden, daß aber eine Verständigung mit ihm möglich gewesen sei. Siehe das Beispiel eines solchen Protokolls auf S. 46 unter C.

3. Da der Schiedsmann keine Entscheidung abzugeben, sondern nur unter den Streitenden zu vermitteln hat, so hat er nicht das Recht, Zeugen oder Sachverständige vor sich zu laden, um sie zu vernehmen; wenn dagegen solche Personen freiwillig, auf Veranlassung der Parteien oder auf sein Ansuchen, im Termin vor ihm erscheinen, so kann er sie über die Streitsache hören.[1] Einen Eid darf er von ihnen so wenig fordern wie von den Parteien selber. Dagegen ist es ihm unbenommen, einen Augenschein einzunehmen oder Urkunden (Briefe, Akten) einzusehen.

4. Kann eine Einigung im ersten Termin nicht erzielt werden, ist aber Aussicht vorhanden, daß in einem neuen Termin ein gütlicher Ausgleich zustande kommen wird, so beraumt der Schiedsmann sofort einen neuen Termin an und

---

[1]) Früher bedurfte es hierzu des Einverständnisses der Parteien; jetzt ist das nicht mehr der Fall. — Verlangen die Zeugen (Sachverständigen) Gebühren, so sind sie ihnen von der Partei zu zahlen, die ihr Erscheinen veranlaßt hat.

verständigt die Parteien davon; einer Vorladung zu diesem Termin bedarf es dann nicht mehr.

5. Stellt sich etwa im Termin heraus, daß es sich um eine Angelegenheit handelt, in der der Schiedsmann aus persönlichen Gründen sein Amt nicht ausüben darf (vgl. S. 17), so hebt der Schiedsmann den Termin auf und verweist die Parteien an seinen Vertreter (S. 93). Ergibt sich bei der Verhandlung, daß die Sache für den Schiedsmann zu schwierig ist, oder daß über die Angelegenheit eine Sühneverhandlung vor dem Schiedsmann überhaupt nicht statthaft ist, weil z. B. die Parteien sich gar nicht im Streit miteinander befinden (vgl. S. 9), oder weil der Kläger eine Bestrafung des Gegners wegen eines Diebstahls, eines Betrugs oder dgl. verlangt (vgl. S. 13), so schließt der Schiedsmann den Termin und verweist den Kläger an das Gericht oder an den Notar oder an die Staatsanwaltschaft usw.

7. Die Niederschrift über die Verhandlung.

I. Wenn ein Vergleich zustande gekommen ist.

1. Sind beide Teile im Termin erschienen, und ist es dem Schiedsmann gelungen, einen Vergleich zwischen ihnen zustande zu bringen, so muß darüber ein ordnungsmäßiges Protokoll in das Protokollbuch eingetragen werden. Ist dagegen nur ein Teil im Termin erschienen, so darf der Schiedsmann ein Vergleichsprotokoll nicht aufnehmen, auch nicht, wenn später etwa der andere Teil erscheint und sich mit der Forderung des Gegners einverstanden erklärt. Ein Vergleich vor dem Schiedsmann kommt nur dadurch zustande, daß beide Teile gleichzeitig vor ihm ihre Willenserklärungen abgeben.

Wie ein Vergleichsprotokoll abzufassen ist, ergibt sich aus folgenden Beispielen:

A. Beispiel für ein Vergleichsprotokoll, wenn es sich um eine bürgerliche Rechtsstreitigkeit (z. B. um eine Forderungssache) handelt.

Nr. 42. Neustadt,[1]) am 6. April 1925.

Vor dem unterzeichneten Schiedsmann erschienen:

1. der Handelsmann Friedrich Müller,
2. der Schuhmacher Heinrich Bergmann,

beide von hier[2]) und dem Schiedsmann von Person und als verfügungsfähig bekannt.[3])

Müller forderte von Bergmann rückständige Wohnungsmiete für die Zeit vom 1. Januar bis 31. März d. J. im Betrage von 30 RM. Bergmann wollte nur 20 RM zahlen. Die Parteien verglichen sich dahin:

Bergmann erkennt an, daß er dem Müller an rückständiger Wohnungsmiete für die Zeit vom 1. Januar bis 31. März 1925 die Summe von 25 RM verschuldet, und verspricht Zahlung derselben am 1. Mai d. J. unter Übernahme der Kosten. Müller verzichtet auf die geltend gemachte Mehrforderung.

Vorgelesen, genehmigt und unterschrieben.

Fr. Müller. Heinr. Bergmann.

Geschlossen
Hartmuth, Schiedsmann.

Bemerkung. So einfach, wie das Protokoll lautet, geht

---

[1]) Ist der Ort in verschiedene Schiedsmannsbezirke geteilt, so muß auch die Straße und die Hausnummer angegeben werden, damit erkennbar ist, ob der Schiedsmann sich innerhalb der Grenzen seines Bezirks gehalten hat.

[2]) Bei größeren Ortschaften empfiehlt sich Angabe von Straße und Hausnummer.

[3]) Vgl. S. 20, 49. — Über gesetzliche Vertreter usw. vgl. S. 23, 49.

es freilich meist in der Verhandlung nicht her. Der Kläger hat beispielsweise 30 RM als den vereinbarten vierteljährlichen Mietpreis gefordert. Der Verklagte hat behauptet, daß nur 20 RM vierteljährlicher Miete zwischen den Parteien verabredet seien; ferner hat er behauptet, daß ihm eigentlich mehr Räume vermietet worden seien, als er bekommen habe, daß ihm auch nicht alle Räume in ordnungsmäßigem Zustande übergeben seien u. dgl. Der Kläger hat das alles bestritten, auch einen Zeugen mitgebracht, der aber nichts Bestimmtes über die Streitpunkte auszusagen vermocht hat. Der Schiedsmann hat es unter diesen Umständen und da es ihm den Eindruck gemacht hat, als wenn dem Verklagten besonders an einer Zahlungsfrist gelegen sei, für zweckmäßig gehalten, den Parteien vorzuschlagen, die streitigen 10 RM zu teilen, also sich auf 25 RM zu vergleichen, welche aber erst am 1. Mai zu zahlen sind. Beide Teile haben diesem Vergleiche, nachdem sie noch einige Zeit hin und her gestritten haben, schließlich zugestimmt.

Daß alles dies in das Protokoll aufgenommen wird, ist natürlich überflüssig und wäre für den Schiedsmann eine ganz unnütze Arbeit. Es genügt, wenn sich (abgesehen von den notwendigen Angaben über Ort und Zeit der Verhandlung sowie über die Namen der erschienenen Personen) aus dem Protokolle ergibt, was der Gegenstand des Streites[1]) gewesen ist, und welchen Vergleich[2]) die Parteien geschlossen haben. Es muß sich also insbesondere im vorliegenden Falle aus dem

[1]) Daß der Schiedsmann dann, wenn unter den Parteien von vornherein gar kein Streit besteht, ein Protokoll überhaupt nicht aufnehmen darf, haben wir oben auf S. 9 gesehen; das ursprüngliche Vorhandensein streitiger Punkte ist daher besonders ersichtlich zu machen.

[2]) Ein Vergleich liegt nur dann vor, wenn jede der Parteien nachgegeben hat, sei es auch nur in einem geringfügigen Punkte, z. B. hinsichtlich der Kosten.

Protokoll ersehen lassen, daß die Parteien um Wohnungsmiete für die und die Zeit gestritten haben. Sonst könnte der Kläger ja später nochmals dieselbe Forderung geltend machen und behaupten, daß es sich im Sühnetermin um eine andere Sache gehandelt habe. Ergibt sich aus dem Protokoll nicht, aus welchem Rechtsverhältnis (Miete, Darlehn, Kauf, Schenkung usw.) die Schuld herrührt, zu deren Zahlung der Verklagte sich verpflichtet, so kann auf Grund desselben keine Zwangsvollstreckung betrieben werden (vgl. S. 71). Bei der Darlegung der Vergleichsabreden ist auf bestimmte Angaben (über die Höhe der zu zahlenden Summe, über die Zahlungszeit usw.) Gewicht zu legen (vgl. S. 39). Fehlen solche, so ist die Zwangsvollstreckung gleichfalls nicht möglich.

B. Beispiel für ein Vergleichsprotokoll in einer Strafsache.

Nr. 21. Friedenau, 2. März 1925.

Vor dem unterzeichneten Schiedsmann erschienen persönlich und als verfügungsfähig bekannt:

1. der Arbeiter Georg Meyer aus Haste,
2. der Maurer Friedrich Goldmann ebendaher.

Ersterer behauptete, daß Goldmann ihn am 6. Februar d. J. abends in der Halbaumschen Wirtschaft in Haste durch die Worte „Lump“, „Betrüger“ beleidigt habe. Goldmann räumte diese Worte ein, wollte aber durch anzügliche Reden des Meyer dazu gereizt sein. Es kam ein Vergleich dahin zustande, daß Goldmann die beleidigenden Äußerungen zurücknimmt und sich verpflichtet:

1. für die Armenkasse in Haste den Betrag von 10 RM binnen einer Woche an den Schiedsmann zu zahlen,

2. folgende Ehrenerklärung einmal auf seine Kosten durch das Friedenauer Kreisblatt bekannt machen zu lassen: „Unterzeichneter nimmt hiermit die am 6. Februar d. J. in der Halbaumschen Wirtschaft zu Haste gegen den Arbeiter Georg

Meyer daselbst ausgesprochenen Beleidigungen mit dem Ausdrucke des Bedauerns zurück. Friedr. Goldmann",

3. die Kosten des Sühneverfahrens zu tragen,

wogegen Meyer auf gerichtliche Verfolgung der Beleidigung verzichtet.[1])

Vorgelesen, genehmigt und unterschrieben:

Georg Meyer. F. Goldmann.

Geschlossen

Reinhardt, Schiedsmann.

Bemerkung. Was sonst in der Verhandlung vorgekommen ist: daß etwa Goldmann zuerst bestritten hat, die beleidigenden Worte gesprochen zu haben, daß er dann diese Ausdrücke zugestanden hat, aber hat behaupten wollen, Meyer habe wirklich einen gewissen Birnbaum beim Kartenspiel betrogen; daß andererseits Meyer in Abrede gestellt hat, daß die von ihm gemachten anzüglichen Bemerkungen sich auf Goldmann bezogen hätten, alles das ist für den schließlich abgeschlossenen Vergleich gleichgültig und braucht daher nicht in das Protokoll aufgenommen zu werden. Es genügt, daß aus dem Protokoll ersichtlich ist, über welche (wann und wo ausgesprochenen) Beleidigungen die Parteien verhandelt und sich verglichen haben, und was die eine Partei oder beide Parteien nach dem Vergleich zu leisten haben.

---

[1]) Ist die Zahlungsfähigkeit des Verklagten zweifelhaft, oder ist zu besorgen, daß er aus bösem Willen oder aus Lässigkeit seinen Verpflichtungen nicht nachkommen werde, so ist anzuraten, noch hinzuzufügen: „Dieser Verzicht gilt nicht, wenn der Verklagte nicht innerhalb der Frist von . . . . . die übernommenen Verpflichtungen erfüllt". Anderenfalls würde der Kläger, wenn nachher die Zwangsvollstreckung gegen den Verklagten erfolglos bliebe, nicht mehr befugt sein, die Beleidigung gerichtlich zu verfolgen. Die Frist ist nicht zu lang zu bemessen, damit das Recht des Beleidigten, auf gerichtliche Bestrafung des Schuldigen anzutragen, nicht etwa inzwischen verloren geht; vgl. darüber S. 52 Anm. 2.

C. Beispiel für ein Vergleichsprotokoll, wenn mit einem Tauben oder Stummen verhandelt ist.

Nr. 42. Neustadt, am 6. April 1925.

Vor dem unterzeichneten Schiedsmann erschienen:

1 der Handelsmann Friedrich Müller,

2. der Schuhmacher Heinrich Bergmann,

beide von hier und dem Schiedsmann von Person und als verfügungsfähig bekannt.

Es stellte sich heraus, daß Bergmann taub, und daß eine mündliche Verständigung mit ihm nicht möglich ist; er kann aber schreiben und Geschriebenes lesen (oder: daß Bergmann stumm ist, aber schreiben kann). Es konnte daher mit ihm verhandelt werden.

Müller forderte (usw., wie auf S. 42).

. . . .

Das Protokoll ist von mir, dem Schiedsmann, dem Müller vorgelesen und dem Bergmann zur Durchsicht vorgelegt (oder: den Parteien vorgelesen), darauf von beiden genehmigt und unterschrieben worden, wie folgt:

Fr. Müller. Heinr. Bergmann.

Geschlossen
Hartmuth, Schiedsmann.

2. Der Vergleich ist vom Schiedsmann in das Protokollbuch[1]) einzuschreiben. Über die Einrichtung und den Zweck des Protokollbuchs siehe das Nähere unten auf S. 62. Ist das Protokoll vom Schiedsmann in das Protokollbuch eingeschrieben, so hat er es den Parteien wörtlich vorzulesen oder auch, wenn beide Parteien lesen können, es ihnen nach

---

[1]) Wird der Vergleich nicht ordnungsgemäß in das Protokollbuch eingetragen, sondern etwa auf einem losen Blatt Papier niedergeschrieben, so fehlt dem Schriftstück der rechtliche Charakter eines schiedsmännischen Vergleichs; vgl. Entscheidungen des Reichsgerichts in Strafsachen Bd. 29 S. 92.

seinem Ermessen zur Durchsicht vorzulegen; einem Tauben ist das Protokoll jedenfalls zur Durchsicht vorzulegen. Der Schiedsmann hat sodann das Niedergeschriebene von beiden Teilen zum Zeichen der Genehmigung unterschreiben zu lassen. Zum Schluß setzt der Schiedsmann selbst seine Namensunterschrift darunter.

Für den Fall, daß eine Partei nicht unterschreiben kann, enthält das Gesetz eine besondere Vorschrift, die wohl zu beachten ist. Die betreffende Partei muß dann einen Beistand wählen,[1]) der für sie das Protokoll mit seiner Namensunterschrift vollzieht oder die von der schreibunfähigen Partei etwa beigefügten Handzeichen (drei Kreuze oder drei Nullen) beglaubigt. Können beide Parteien nicht schreiben, so muß jede einen besonderen Beistand wählen. Als Beistand kann jede erwachsene männliche oder weibliche Person zugezogen werden, z. B. ein Hausgenosse des Schiedsmanns, ein Nachbar usw.; der Schiedsmann selber kann nicht Beistand sein. Er muß aber in solchem Fall im Protokoll vermerken, von welcher Partei und aus welchem Grunde die eigenhändige Unterschrift unterblieben ist. Der Schluß des Protokolls würde also etwa so lauten:

Vorgelesen, genehmigt und unterschrieben:

Fr. Müller.

Da sich herausstellte, daß der Schuhmacher Heinrich Bergmann schreibensunkundig ist[2]) (oder: wegen Verletzung an der rechten Hand nicht unterschreiben konnte), so wählte der-

---

[1]) Nötigenfalls jede Partei einen besonderen Beistand.

[2]) Natürlich ist hier vorausgesetzt, daß Bergmann nicht etwa, wie auf S. 46 angenommen, taub oder stumm ist; denn träfe dies zu, so könnte mit ihm nur verhandelt werden, wenn eine schriftliche Verständigung mit ihm möglich wäre (vgl. S. 23).

selbe als Beistand den Lehrer Ernst Heise von hier, der für Bergmann die Verhandlung wie folgt unterschrieb:

Ernst Heise.

Geschlossen

Hartmuth, Schiedsmann.

oder:

Vorgelesen, genehmigt und unterschrieben:

Fr. Müller.

Handzeichen des † † † Heinr. Bergmann.

Beglaubigt

Ernst Heise.

Da sich herausstellte, daß der Schuhmacher Heinrich Bergmann schreibensunkundig ist (oder usw. wie oben), so hat derselbe den Lehrer Ernst Heise von hier als Beistand gewählt, der sodann die von Bergmann vorstehend unter das Protokoll gesetzten Kreuze beglaubigt hat.

Geschlossen

Hartmuth, Schiedsmann.

Sollten sich die Parteien, obwohl sie sich verglichen haben, vor Niederschrift des Protokolls oder danach, aber vor Abgabe ihrer Unterschrift entfernen oder ausdrücklich erklären, daß sie die Niederschrift nicht wünschen oder nicht unterschreiben wollen (wozu sie der Schiedsmann natürlich nicht zwingen kann),[1]) so hat der Schiedsmann keine Eintragung in das Protokollbuch zu machen; eine bereits erfolgte ist, da die Unterschrift der Parteien fehlt, wertlos. Der Schiedsmann wird in letzterem Falle unter dem Niedergeschriebenen vermerken, daß sich die Parteien ohne Unterschrift entfernt haben. Das Geschriebene ist dann kein Vergleichsprotokoll im Sinne des Gesetzes sondern nur ein Vermerk, auf den sich das weiter unten auf S. 68 bis 72 über Erteilung von Abschriften usw. Gesagte nicht bezieht.

[1]) In Strafsachen vgl. S. 58.

3. Im Protokoll müssen die erschienenen **Parteien** und deren etwaige Beistände (vgl. S. 24) nach Namen (Vor- und Zunamen, bei Ehefrauen und Witwen ist auch der Vatersname anzugeben), Stand oder Beruf und Wohnort (gegebenenfalls auch Straße und Hausnummer), **genau bezeichnet** sein; ebenso die etwa erschienenen gesetzlichen Vertreter oder Willensorgane oder Bevollmächtigten einer Partei (vgl. S. 22 bis 24).

4. Ist eine vor dem Schiedsmanne erschienene Person ihm **nicht persönlich bekannt**, so daß sie durch eine glaubhafte Person anerkannt werden oder sich auf andere Art ausweisen muß (vgl. S. 20), so ist darüber eine entsprechende Bemerkung in das Protokollbuch aufzunehmen, was z. B. kurz in folgender Weise geschehen kann:

Nr. 19. Friedenau, 2. März 1925.

Vor dem unterzeichneten Schiedsmann erschienen:

1. der Arbeiter Georg Meyer,
2. der Maurer-Friedrich Goldmann,

beide aus Haste, ersterer dem Schiedsmann von Person und als verfügungsfähig bekannt, letzterer von dem Lehrer Ernst Heise von hier anerkannt, wie dieser durch seine Unterschrift bescheinigt:

Ernst Heise.

Georg Meyer behauptete usw.

oder:

. . letzterer durch die an ihn ergangene Terminsladung und eine Steuerquittung ausgewiesen.

Georg Meyer behauptete usw.

Ein Vermerk ist auch zu machen, wenn sich **gesetzliche Vertreter** oder **Bevollmächtigte** durch Bestallungen oder Vollmachten haben ausweisen müssen (vgl. S. 22).

5. Das Protokoll wird regelmäßig in **deutscher Sprache** aufgenommen. Sprechen die Parteien jedoch eine andere Sprache, und ist der Schiedsmann dieser Sprache genügend mächtig, um

in derselben mit den Parteien verhandeln zu können, so ist das Protokoll in dieser anderen Sprache aufzunehmen. Spricht nur die **eine** Partei eine fremde Sprache, die dem Schiedsmann geläufig ist, so ist das Protokoll doppelt, nämlich einmal in der deutschen und einmal in der fremden Sprache, aufzunehmen. Beide Protokolle, die natürlich dem Sinne nach gleichlautend sein müssen, sind am besten nebeneinander, auf dem in der Mitte gebrochenen Blatte, in das Protokollbuch einzutragen.

II. Wenn kein Vergleich zustande gekommen ist.

Ist **kein Vergleich erzielt worden**, so bleibt für den Schiedsmann nur noch übrig, darüber einen kurzen schriftlichen **Vermerk** zu machen, der den Parteien weder vorgelesen, noch von ihnen unterschrieben zu werden braucht. Damit ist die Sache für den Schiedsmann erledigt Der Vermerk über den erfolgten Sühneversuch ist, soweit es sich nicht erstens um eine Strafsache handelt und zweitens mindestens der Antragsteller erschienen ist (vgl. S. 57), in Spalte 5 des Terminkalenders (vgl. S. 64) einzutragen. Den Parteien eine **Abschrift** eines solchen Vermerks oder eine Bescheinigung über die Erfolglosigkeit des Sühneversuchs zu erteilen, ist in anderen als Strafsachen zwecklos; der Schiedsmann kann dahingehende Gesuche daher ablehnen.

Der Schiedsmann braucht übrigens den vorstehend gedachten Vermerk **nicht** zu machen, wenn er die Sache aus einem der auf S. 9 bis 27 angegebenen Gründe von vornherein **abgelehnt** hat; er ist nicht verpflichtet, über eine solche Ablehnung irgend eine Niederschrift zu machen. Anders, wenn er bereits in einem von ihm angesetzten Termin mit den Parteien verhandelt und dann erst aus einem der angegebenen Gründe die weitere Verhandlung abgelehnt hat.

8. Besonderes Verfahren in Strafsachen.

Das Verfahren des Schiedsmanns in den Fällen, in denen der Antragsteller den Gegner wegen einer Straftat der auf S. 14 bezeichneten Art zum Sühneversuch vor den Schiedsmann laden läßt, ist *im allgemeinen* das vorstehend beschriebene. Es gelten jedoch einige *besondere* Bestimmungen, die ihren Grund in der Vorschrift des § 380 (früher § 420) der Strafprozeßordnung haben.[1]) Nach dieser Gesetzesbestimmung muß derjenige, welcher einen anderen wegen einer Straftat der oben bezeichneten Art im Wege der Privatklage[2]) gerichtlich belangen will, falls er selbst nicht Beamter oder Mitglied der bewaffneten Macht und in dieser Eigenschaft beleidigt oder mißhandelt ist, dem Gerichte zuvor nachweisen, daß er bereits einen Sühnetermin mit dem Gegner vor dem zuständigen Schiedsmann gehabt hat, daß dieser Sühnetermin aber erfolglos geblieben ist. Es wird also die

---

[1]) Die Vorschrift lautet:

§ 380. Wegen Hausfriedensbruchs, Beleidigung, leichter vorsätzlicher oder fahrlässiger Körperverletzung, Bedrohung, Sachbeschädigung und Verletzung fremder Geheimnisse (§ 299 des Strafgesetzbuchs) ist die Erhebung der Klage erst zulässig, nachdem von einer durch die Landesjustizverwaltung zu bezeichnenden Vergleichsbehörde die Sühne erfolglos versucht worden ist. Der Kläger hat die Bescheinigung hierüber mit der Klage einzureichen.

Die Landesjustizverwaltung kann bestimmen, daß die Vergleichsbehörde ihre Tätigkeit von der vorherigen Einzahlung eines angemessenen Kostenvorschusses abhängig machen darf.

Die Vorschriften des Abs. 1, 2 finden keine Anwendung, wenn der amtliche Vorgesetzte gemäß den §§ 196, 232 Abs. 3 des Strafgesetzbuchs befugt ist, Strafantrag zu stellen.

Wohnen die Parteien nicht in demselben Gemeindebezirke, so kann nach näherer Anordnung der Landesjustizverwaltung von einem Sühneversuch abgesehen werden.

[2]) Vgl. S. 13 Anm. 1.

gerichtliche Privatklage nur zugelassen, wenn der Kläger eine Bescheinigung des Schiedsmanns hierüber vorlegen kann; der Beleidigte oder sonst Verletzte ist daher gezwungen, zunächst den Schiedsmann um seine Vermittlung anzugehen, wenn er nicht auf eine Genugtuung überhaupt verzichten will.[1] [2]) Wohnen die Parteien im gleichen Gemeindebezirk, so gilt das ausnahmslos; trifft das nicht zu, so ist zu unterscheiden, ob der Beschuldigte überhaupt in Preußen wohnt oder nicht. Im letzteren Fall bedarf es keines Sühneversuchs; im ersteren Fall dagegen ist ein solcher erforderlich, es sei denn, daß das für die Erhebung der Privatklage zuständige Gericht den Kläger auf Antrag von der Verpflichtung zur Vornahme eines Sühneversuchs entbindet.

1. Wegen der Zuständigkeit des Schiedsmanns und der Ablehnung einer Sache wegen Unzuständigkeit gilt das auf S. 25 Gesagte, jedoch mit einer Abweichung. Wohnen die Parteien nämlich nicht im gleichen Gemeindebezirk, so ist eine

---

[1]) Eine Ausnahme für den Fall, daß der Beschuldigte eine Militärperson ist, besteht jetzt in Friedenszeiten nicht mehr. Etwas anderes ist es, wenn beide Parteien im Verhältnis des militärischen Vorgesetzten zum Untergebenen zueinander stehen.

[2]) In den Fällen, in denen die Privatklage an sich zulässig ist, kann sie nicht mehr erhoben werden, wenn seit dem Zeitpunkte, zu welchem der Beleidigte oder Verletzte Kenntnis von der Straftat und der Person des Täters erhalten hat, drei Monate verstrichen sind, ohne daß ein Antrag auf gerichtliche Bestrafung gestellt worden wäre. Durch Stellung des Antrags auf Anberaumung eines Sühnetermins beim Schiedsmann wird diese Frist noch nicht gewahrt. Das Sühneverfahren muß daher so beschleunigt werden, daß nach seinem Abschluß die dreimonatige Frist noch nicht abgelaufen ist. Der Schiedsmann wird übrigens eine Sühneverhandlung nicht deshalb ablehnen dürfen, weil seit der Straftat mehr als drei Monate verstrichen sind. Denn wenn auch die gerichtliche Strafverfolgung ausgeschlossen ist, kann doch eine Aussöhnung vor dem Schiedsmann im Interesse beider Teile erwünscht sein.

Vereinbarung zwischen ihnen über das Angehen eines anderen als des am Wohnort des Beschuldigten ansässigen Schiedsmanns nur dann wirksam, wenn der Beschuldigte schriftlich und ausdrücklich seine Zustimmung gibt. Gegebenenfalls kann der Schiedsmann ihn auf Wunsch des Antragstellers um seine Zustimmung ersuchen.

2. Während der Schiedsmann sonst die Verhandlung ablehnen darf, wenn ihm die Sache zu weitläufig und zu schwierig erscheint (vgl. S. 26), darf er dies in Strafsachen der in Rede stehenden Art nicht. Er muß also wenigstens den Versuch machen, einen gütlichen Ausgleich zwischen den Parteien herbeizuführen.

3. Er darf nicht, wie in anderen Fällen (vgl. S. 23), die Verhandlung der Sache deshalb ablehnen, weil eine Partei blind oder taubstumm ist, oder weil eine Partei zwar nur taub oder nur stumm ist, aber eine schriftliche Verständigung mit ihr nicht erfolgen kann. Es ist auch in solchen Fällen immerhin die Möglichkeit des Zustandekommens eines Vergleichs vorhanden, insbesondere wenn die taube usw. Partei einen Beistand mitbringt, der sich mit ihr verständigen kann und die Verhandlung mit dem Schiedsmann und dem Gegner vermittelt.

4. Der Schiedsmann darf in Strafsachen die Verhandlung auch nicht aus dem Grunde ablehnen, weil die Parteien oder eine derselben ihm nicht persönlich bekannt sind, sich auch über ihre Person nicht genügend ausweisen können (vgl. S. 20), oder weil der Schiedsmann Bedenken gegen die Geschäfts- oder Verfügungsfähigkeit einer Partei oder gegen die Legitimation eines gesetzlichen Vertreters hat (vgl. S. 20, 22).

In den vorstehend gedachten Fällen (3 und 4) muß also der zuständige Schiedsmann (vgl. oben 1), die Verhandlung vornehmen und, je nachdem, ob der Sühneversuch Erfolg gehabt hat oder nicht, ein Protokoll über den geschlossenen Vergleich (vgl. S. 41) oder einen Vermerk über den erfolglosen Sühneversuch (vgl. S. 50) in das Protokollbuch eintragen. Er darf aber in solchem Falle, wenn ein Vergleich zustande gekommen ist, nicht versäumen, in dem darüber aufzunehmenden Protokolle ausdrücklich zu bemerken, welcher der vorstehend unter 3 und 4 aufgeführten besonderen Umstände etwa vorgelegen hat, daß also z. B. eine der Parteien blind oder stumm oder ihm nicht persönlich bekannt gewesen sei, oder daß er Bedenken gegen ihre Verfügungsfähigkeit gehabt habe usw. Handelt es sich um einen Vergleich, so ist er in diesem Falle gegen die Partei, in deren Person die Bedenken bestehen, nicht vollstreckbar (wohl aber gegen die andere Partei); der Schiedsmann tut gut, darauf im Protokoll ausdrücklich hinzuweisen. Das Protokoll über einen in solchem Falle zustande gekommenen Vergleich würde etwa so zu fassen sein:

Nr. 6. Neustadt, 17. April 1925.

Vor dem unterzeichneten Schiedsmann erschienen:

1. der Pensionär Friedrich Halves aus Neustadt,
2. die Ehefrau des Arbeiters Gottlieb Kummer, Karoline geb. Hennings ebendaher,

beide dem Schiedsmann von Person und als verfügungsfähig bekannt.

Es wird bemerkt, daß Halves blind ist.

Halves erhob gegen die Frau Kummer die Anschuldigung usw.

oder Nr. 8. Neustadt, 2. Mai 1925.

Vor dem unterzeichneten Schiedsmann erschienen:

1. die unverehelichte Henriette Lippe aus Waldhof,
2. der Dachdecker Friedrieh Menge aus Neustadt,

beide dem Schiedsmann von Person, letzterer auch als verfügungsfähig bekannt.

Es wird vorweg bemerkt, daß die Lippe durch ihr Benehmen und ihre Reden den Eindruck machte, als wenn sie geistig etwas gestört ist.

Sie behauptete, daß der Beschuldigte Menge sie am Silvesterabend vorigen Jahres auf der Straße in Neustadt ohne alle Veranlassung in die Seite gestoßen und dadurch sowie durch die Worte „alte Schrulle" beleidigt habe.

usw.

Der Schluß würde lauten:

Geschlossen mit dem Hinweis, daß dieser Vergleich gegen Halves (bzw. gegen die Lippe) nicht vollstreckbar[1]) ist.

Hartmuth, Schiedsmann.

Ist dem Schiedsmann jedoch das Fehlen der vollen Geschäftsfähigkeit des Antragstellers,[2]) z. B. dessen Minderjährigkeit bekannt, so wird er die Verhandlung mit ihm ablehnen und darauf bestehen müssen, daß der gesetzliche Vertreter (Vater, Mutter, Vormund; vgl. S. 22) ihn im Termin vertritt. Vollständig abzulehnen hat der Schiedsmann seine Mitwirkung, wenn der Beschuldigte zur Zeit der Straftat noch nicht 14 Jahre alt war oder offenbar geisteskrank ist, weil ein solcher Beschuldigter (noch) nicht strafbar ist.[3])

5. Die Ladung zum Sühnetermin ist den Parteien in Beleidigungssachen durch den Schiedsmann selbst oder in anderer zuverlässiger Weise zuzustellen (vgl. S. 30). Es ist also nicht statthaft, daß der Schiedsmann, wie er das in anderen Fällen darf, dem Antragsteller selbst die Vorladung zur Aushändigung an den Gegner übergibt; denn der Schiedsmann muß die Gewißheit haben, daß die Vorladung dem Verklagten ordnungsmäßig und rechtzeitig zugestellt ist, weil er sonst in der Frage

[1]) Der Zusatz hat natürlich nur dann Sinn, wenn nach dem Inhalt des Vergleichs eine Vollstreckung gegen Halves (bzw. gegen die Lippe) überhaupt in Frage kommt.

[2]) Wegen des Beschuldigten vgl. unten 7.

[3]) Anders, wenn es sich um Schadensersatz usw. handelt (vgl. S. 17).

der Erteilung der Bescheinigung über die Erfolglosigkeit des Sühneversuchs (vgl. unten 8) und in der Frage nach der Zulässigkeit einer Ordnungsstrafe gegen den Beschuldigten (vgl. unten 7) nicht sicher geht.

Die Ladung an den Beschuldigten muß den Hinweis darauf enthalten, daß gegen ihn im Falle seines Ausbleibens eine Ordnungsstrafe (vgl. unten 7) verhängt werden kann. Die Ladungen des Antragstellers und des Beschuldigten sind daher verschieden zu fassen. Während für die Ladung des Antragstellers, sofern er nicht mündlich geladen ist, die auf S. 31 gegebene Fassung verwendbar bleibt, würde die Ladung des Beschuldigten etwa so zu lauten haben:

Neustadt, den 1. April 1925.

Auf den anliegenden Antrag habe ich Termin zur Sühneverhandlung auf Montag, 6. d. M. abends 8 Uhr in meiner Wohnung angesetzt. Sie werden hiervon mit dem Bemerken benachrichtigt, daß Sie gesetzlich verpflichtet sind, in diesem Termin persönlich zu erscheinen. Kommen Sie dieser Verpflichtung nicht nach, ohne rechtzeitig triftige Entschuldigungsgründe glaubhaft zu machen, so kann gegen Sie eine Ordnungsstrafe bis zu 30 RM festgesetzt werden.

Hartmuth, Schiedsmann.

Ist eine Partei nicht voll geschäftsfähig (vgl. S. 20), so ist, wenn irgend angängig, auch ihr gesetzlicher Vertreter von dem Termin zu benachrichtigen. Da auf Seiten des Antragstellers in solchen Fällen stets der gesetzliche Vertreter an Stelle der Partei zu handeln berufen ist, und daher die Ladung an ihn ergehen muß, ist die Bestimmung hauptsächlich für die beschuldigte Partei von Bedeutung (vgl. unten 7). Der nicht voll geschäftsfähige Beschuldigte muß persönlich geladen werden, weil er persönlich erscheinen muß; außer ihm ist, wie gesagt, dem gesetzlichen Vertreter von dem Termin Kenntnis zu geben, weil der nicht voll Geschäftsfähige sich ohne Mitwirkung seines gesetzlichen Vertreters zu irgendwelchen Leistungen nicht verpflichten kann. Ist eine Ehefrau Partei, so ist tunlichst der Ehemann zu benachrichtigen; über den Grund vgl. unten 11.

6. Der Antragsteller muß im Termin persönlich erscheinen, wenn er ans Ziel gelangen will. Nur in einem Falle kann er sich durch einen Bevollmächtigten vertreten lassen, nämlich dann, wenn die Parteien zwar beide in Preußen, aber in verschiedenen Gemeindebezirken wohnen, und das Gericht den Antragsteller, anstatt ihn von der Vornahme eines Sühneversuchs zu befreien (vgl. S. 52), ermächtigt hat, einen Vertreter zu entsenden, worüber die Entscheidung ausschließlich dem Gericht zusteht; der Gerichtsbeschluß ist dem Schiedsmann gegebenenfalls vorzulegen; außerdem bedarf der Bevollmächtigte aber einer Vollmacht (vgl. S. 24). Erscheint weder der Antragsteller noch — im letzterwähnten Fall — ein Vertreter, so findet ein einseitiger Sühneversuch mit dem etwa erschienenen Gegner nicht statt. Es darf aber auch dem Antragsteller eine Bescheinigung über einen erfolglosen Sühneversuch nicht erteilt werden, da der Beleidigungskläger durch die Bescheinigung eben nachweisen soll, daß er, soviel an ihm liegt, eine gütliche Einigung vor dem Schiedsmann wenigstens versucht habe. Der Schiedsmann macht nur einen schriftlichen Vermerk im Terminkalender (vgl. S. 64) darüber, daß der Antragsteller in dem angesetzten Termine nicht erschienen ist. Wegen seiner Ordnungsstrafbefugnis gilt das auf S. 33 Gesagte.

7. Für den Beschuldigten (Verklagten) ist durch die neuen Vorschriften in Strafsachen der Erscheinungszwang eingeführt worden. Er muß persönlich erscheinen, und zwar auch, wenn er minderjährig ist, und kann sich niemals vertreten lassen. Für den gesetzlichen Vertreter und den Ehemann (vgl. oben 5) gilt der Erscheinungszwang nicht; doch müssen beide als Beistände zur Verhandlung zugelassen werden.

— Nur triftige Gründe, die der Beschuldigte — wenn sie dem Schiedsmann nicht schon anderweit bekannt sind — durch eidesstattliche Versicherung (nicht durch Eid) oder auf andere Weise glaubhaft zu machen hat, können sein Ausbleiben entschuldigen; dagegen genügt es nicht, wenn er erklärt, daß er nicht erscheinen wolle. Bleibt er ohne (genügende) Entschuldigung aus, oder macht er die geltend gemachten Entschuldigungsgründe nicht glaubhaft, so kann der Schiedsmann ihn in eine Ordnungsstrafe von einer bis zu 30 RM nehmen; bei ihrer Bemessung hat er die wirtschaftlichen Verhältnisse des Ausgebliebenen zu berücksichtigen. Wegen des Verfahrens kann auf S. 33 verwiesen werden. Entsprechendes gilt, wenn der Beschuldigte sich vorzeitig entfernt.

8. Wohnen die Parteien im gleichen Gemeindebezirk, so hat der Schiedsmann im Falle des Ausbleibens des Beschuldigten im ersten Termin noch einen zweiten Sühnetermin anzuberaumen; es gilt insoweit das zu Nr. 6 bis 8 Gesagte. Wohnen die Parteien in verschiedenen Gemeindebezirken, oder bleibt der Beschuldigte auch im zweiten Termin aus, so wird aus seinem Ausbleiben gefolgert, daß er sich auf die Sühneverhandlung nicht einlassen wolle. In diesem Falle sowohl, wie dann, wenn beide Teile im Termine zwar erschienen sind, aber ein Vergleich nicht zustande gekommen ist, muß der Schiedsmann einen Vermerk über den erfolglosen Sühneversuch in das Protokollbuch eintragen; dieser hat die Personalien der Parteien, den Gegenstand der Beschuldigung sowie die Zeit der Straftat und der Antragstellung zu enthalten und die Tatsachen anzugeben, die die Feststellung der Erfolglosigkeit rechtfertigen. Dem Antragsteller hat er auf Verlangen eine Bescheinigung über die Erfolglosigkeit des Sühneversuchs zu erteilen, damit er in der Lage ist, unter Vorlegung derselben bei Gericht die Privatklage gegen den Gegner zu erheben.

Der in das Protokollbuch einzutragende **Vermerk**, der den Parteien nicht vorgelesen und von ihnen nicht unterschrieben zu werden braucht, wird etwa so lauten:

Nr. 15. Feldkirchen, 28. März 1925.

Der Schuhmachermeister Gottfried Heinecke von hier hat am 20. d. M. die Ansetzung eines Sühnetermins mit dem Bäckermeister Friedrich Prager hier beantragt, weil letzterer ihn am 5. d. M. abends in der Hellerschen Gastwirtschaft hierselbst durch die Äußerung: er habe in Berlin schon Bankrott gemacht, beleidigt habe. Die Parteien sind im heutigen Termine erschienen; der Sühneversuch ist indessen erfolglos geblieben. [oder: Es war ein erster Termin auf den 25. d. M. und ein zweiter Termin auf den heutigen Tag bestimmt; in beiden Terminen ist der Antragsteller erschienen, der Beschuldigte jedoch ausgeblieben; der Sühneversuch ist daher erfolglos geblieben.]

Friedeborn, Schiedsmann.

Wünscht nun der Antragsteller eine **Bescheinigung** über die Erfolglosigkeit des Sühneversuchs, so wird diese vom Schiedsmann in folgender Weise ausgestellt. Der Schiedsmann fertigt eine einfache **Abschrift** des vorstehenden, von ihm in das Protokollbuch eingetragenen **Vermerks** und setzt darunter den Ausfertigungsvermerk wie folgt:

Nr. 15. Feldkirchen, 28. März 1925.

Der Schuhmachermeister Gottfried Heinecke von hier hat am 20. d. M.

(usw. wie vorstehend)

der Sühneversuch ist indessen erfolglos geblieben.

gez. Friedeborn, Schiedsmann.

Vorstehender in dem Protokollbuch unter Nr. . . eingetragener Vermerk wird für den Schuhmachermeister Gottfried Heinecke als Bescheinigung über die Erfolglosigkeit des Sühneversuchs ausgefertigt.

Feldkirchen, 28. März 1925.

(hierher der Siegelabdruck) Friedeborn, Schiedsmann.

Bei der Ausstellung der Bescheinigung ist der Siegelabdruck und die Unterschrift des Schiedsmanns besonders wesentlich; es müssen aus ihr ferner die Zeit der Straftat, sowie der Anbringung des Antrags auf Terminsansetzung, endlich Ort und Zeit ihrer Ausstellung ersichtlich sein.

Die Erteilung der Bescheinigung an den Antragsteller muß der Schiedsmann gleichfalls im Protokollbuch vermerken. Über die ihm für die Erteilung zustehende Gebühr und Schreibgebühr vgl. S. 73 ff.

9. Ist in einer Strafsache der zuständige Schiedsmann wegen seiner persönlichen Beziehungen zu einer Partei kraft Gesetzes von der Ausübung seines Amtes ausgeschlossen (vgl. S. 17), kann er also keinen Termin abhalten, so kann er auch keine Bescheinigung über einen erfolglosen Sühneversuch ausstellen. Er muß dann den Antragsteller an seinen Stellvertreter (vgl. S. 93 verweisen. Sollte auch dieser verhindert sein, so müßte der Antragsteller sich um Abhilfe an die Aufsichtsbehörde (vgl. S. 90) wenden. Letzteres wird auch dann geschehen müssen, wenn der zuständige Schiedsmann und auch sein Vertreter deshalb keinen Sühneversuch vornehmen können, weil sie die Sprache der Parteien nicht verstehen. Erteilt der ordentliche oder außerordentliche Stellvertreter demnächst eine Bescheinigung über die Erfolglosigkeit des Sühneversuchs, so hat er darin die Umstände hervorzuheben, auf denen seine Zuständigkeit im vorliegenden Falle beruht.

10. Ist der Antrag auf Ansetzung eines Sühnetermins wegen Beleidigung gegen einen Studierenden gerichtet, so ist der Schiedsmann zur Sühneverhandlung nicht zuständig. Er muß den Antragsteller an den Universitätsrat (Syndikus, Rektor) der betreffenden Hochschule verweisen.

11. Es braucht nicht immer der Beleidigte oder Verletzte selbst zu sein, der einen Sühnetermin wegen einer Straftat be-

antragt. Nach dem Strafgesetzbuch steht dem Ehemann das Recht zu, wegen einer gegen seine Ehefrau begangenen Beleidigung oder Körperverletzung (nicht wegen einer andern Straftat) ohne Rücksicht auf den Willen seiner Ehefrau, und nicht etwa als deren Vertreter, sondern im eigenen Namen Privatklage zu erheben. Entsprechendes gilt — abgesehen davon, daß in den auf S. 21 angeführten Fällen für den nicht voll Geschäftsfähigen stets der gesetzliche Vertreter auftreten muß — da, wo es sich um einen mehr als 18 Jahre alten Minderjährigen handelt, auch für den gesetzlichen Vertreter, und zwar hier hinsichtlich sämtlicher in Frage kommmenden Straftaten; indessen ist das für den Schiedsmann von geringem Interesse, weil regelmäßig davon auszugehen ist, daß der gesetzliche Vertreter seine Anträge namens des Minderjährigen und nicht im eigenen Namen stellen will. — Der Ehemann kann nach dem oben Gesagten denjenigen, der seine Ehefrau beleidigt oder mißhandelt hat, ohne Beitritt der Ehefrau zur Sühne vor den Schiedsmann laden und sich mit ihm vergleichen; andererseits können natürlich auch beide (Mann und Frau) gemeinschaftlich einen Sühnetermin beantragen. Durch den Vergleich, den der Ehemann allein vor dem Schiedsmann abschließt, wird die Ehefrau nicht gebunden. Sie kann ihr Recht selbständig weiter verfolgen, wenn sie etwa mit dem geschlossenen Vergleiche nicht einverstanden ist, also ihrerseits einen neuen Sühnetermin beantragen und bei Erfolglosigkeit desselben Privatklage erheben. Will daher der Beleidiger einer Ehefrau gesichert sein, so muß er sich vor dem Schiedsmann mit beiden Eheleuten vergleichen. Der Minderjährige kann dagegen ohne Beitritt des gesetzlichen Vertreters keine Privatklage erheben und daher auch keinen Sühneversuch vor dem Schiedsmann beantragen; er hat nur, sofern er das 18. Lebensjahr vollendet hat, das Recht, bei der Staatsanwaltschaft selbständig einen Antrag auf Bestrafung zu stellen; dieses Recht behält er trotz des von dem gesetzlichen Vertreter etwa geschlossenen Vergleichs; es wird aber in den meisten Fällen bedeutungslos sein, da die Staatsanwaltschaft regelmäßig nicht geneigt sein wird, die Straftat im Wege der öffentlichen Anklage weiter zu verfolgen.

---

9. Das Protokollbuch.

1. Um die vor ihm geschlossenen Vergleiche ordnungsmäßig eintragen zu können, wird dem Schiedsmann vom Magistrat (Bürgermeister) oder in Landgemeinden vom Landrat (Oberamtmann) ein **Protokollbuch** geliefert. Diese Behörde hat auch dafür zu sorgen, daß bei einem in der Person des Schiedsmanns eingetretenen Wechsel das Protokollbuch vom bisherigen Schiedsmann (oder dessen Erben) abgeliefert und dem neuen Schiedsmann ungesäumt verabfolgt wird. Sollte darin eine Verzögerung eingetreten und bereits vom neuen Schiedsmann ein Termin anzusetzen sein, so hat der Schiedsmann schleunigst die Verabfolgung des Protokollbuchs bei der Behörde zu beantragen oder auch geeignetenfalls den bisherigen Schiedsmann zu veranlassen, daß er das Protokollbuch ungesäumt an die Behörde einsendet. Eine unmittelbare Übergabe des Buches von seiten des alten Schiedsmanns an den neuen ist nicht angängig, weil die Behörde das Protokollbuch (ebenso wie jedes **neue** Protokollbuch) erst mit einem **Vermerk**, daß es dem neuen Schiedsmanne zum amtlichen Gebrauch übergeben sei, versehen muß, ehe vom neuen Schiedsmanne Eintragungen darin gemacht werden dürfen. Der Schiedsmann benutzt das eigene Protokollbuch auch dann, wenn er als Stellvertreter tätig wird (vgl. S. 94). Nur der Schiedsmann, der kein eigenes Protokollbuch führt, benutzt dasjenige des Schiedsmanns, den er vertritt.

2. In das Protokollbuch sind alle vor dem Schiedsmanne

geschlossenen **Vergleiche** der Reihe nach einzutragen. Die Eintragung muß im Termin selbst geschehen, da die Parteien das Protokoll unterschreiben müssen. In welcher Weise die Protokolle abzufassen sind, ist auf S. 41 bis 49 durch Beispiele erläutert. Die über erfolglose Sühneversuche in Strafsachen (**nicht** in bürgerlichen Rechtsstreitigkeiten) zu machenden **Vermerke** sind gleichfalls in das Protokollbuch einzutragen, wenn wenigstens der Antragsteller erschienen ist. Vergleiche und bloße Vermerke werden der Reihenfolge nach unter fortlaufenden Nummern eingetragen, also z. B. Protokoll Nr. 1, Vermerk Nr. 2, Protokoll Nr. 3 und so fort.

Der Schiedsmann muß sein Protokollbuch sorgsam und sauber führen. Die Protokolle müssen leserlich geschrieben sein. Wenn das Protokoll abgeschlossen und von den Parteien und dem Schiedsmann unterschrieben ist, dürfen keine Änderungen mehr daran vorgenommen werden; stellen sich solche als notwendig heraus, so muß das Protokoll nochmals allen Beteiligten zur Genehmigung vorgelesen werden. Besser ist es in solchem Falle, zum Protokoll einen Nachtrag zu machen, welcher dann in gleicher Weise, wie das Protokoll selbst, den Parteien vorzulesen und von ihnen sowie vom Schiedsmann zu unterschreiben ist. Spätere, in Abwesenheit der Parteien vorgenommene Änderungen des Protokolls sind gänzlich unstatthaft. Aus dem Protokollbuch dürfen keine Blätter entfernt, auch dürfen solche nicht zugeklebt werden; soll eine Eintragung nicht gültig sein, so ist sie zu durchstreichen, aber so, daß das Durchstrichene noch leserlich bleibt. Rasuren sind zu vermeiden.

3. Ist ein Protokollbuch vollgeschrieben, so ist es an das **Amtsgericht** zur Aufbewahrung abzugeben oder einzusenden. Der Schiedsmann empfängt darüber eine Quittung, gegen deren Abgabe er von der zuständigen Behörde (oben 1) ein neues Protokollbuch erhält. Er wird diese Behörde zweckmäßig von

der bevorstehenden Rückgabe des alten Buchs rechtzeitig zu verständigen haben, damit kein Verzug entsteht, der die Amtsführung des Schiedsmanns beeinträchtigen könnte.

---

10. Der Terminkalender und das Kassenbuch.

Die neuen Bestimmungen sehen für den Schiedsmann außer dem Protokollbuch noch einen Terminkalender und ein Kassenbuch vor, deren Muster durch die Geschäftsanweisung bestimmt sind (vgl. unten). In den Terminkalender trägt der Schiedsmann sofort, nachdem er auf gestellten Antrag einen Termin angesetzt hat (vgl. S. 29), den Tag und die Stunde, nötigenfalls auch den Ort, des Termins, die Namen der Parteien (in Strafsachen auch ihren Wohnort) und den Streitgegenstand ein. Die anderen Spalten werden erst später nach stattgehabtem Termin entsprechend den Überschriften ausgefüllt. Dazu sei bemerkt, daß die Vermerke über erfolglose Sühneversuche in Spalte 5, die dazu gehörigen Gebührenberechnungen, soweit die Vermerke nicht auch ins Protokollbuch gehören (vgl. S. 63) in die letzte Spalte des Terminkalenders aufzunehmen sind (vgl. S. 76); die Verhängung einer Ordnungsstrafe ist gleichfalls in der letzten Spalte zu vermerken (vgl. S. 33).

Über die Benutzung des Kassenbuchs gibt die Geschäftsanweisung genaue Vorschriften, auf die verwiesen werden kann (vgl. unten). Es läßt sich nicht verkennen, daß die Führung des Kassenbuchs den Schiedsmännern, soweit sie keine rechnerische Erfahrung haben, gelegentlich Schwierigkeiten bereiten wird. Sie werden dann gut tun, sich mit den Gemeindebeamten in Verbindung zu setzen, mit denen sie demnächst abzurechnen haben (vgl. S. 95). Vermindert werden die Schwierigkeiten übrigens, wenn der Schiedsmann von seiner Befugnis, Vorauszahlung der

Gebühren zu verlangen (vgl. S. 74), nachdrücklich Gebrauch macht. Hervorgehoben sei, daß die von den Parteien zu erstattenden Schreibgebühren und baren Auslagen nicht in das Kassenbuch gehören, weil sie nicht Gegenstand der Abrechnung mit der Gemeinde sind.

Wegen der Aushändigung, Führung und Rückgabe des Terminkalenders und des Kassenbuchs gilt im übrigen das hinsichtlich des Protokollbuchs Gesagte. Bemerkt sei noch, daß Rasuren an den Ordnungsstrafvermerken und an den Gebührenberechnungen im Terminkalender unzulässig sind.

---

11. Das Amtssiegel.

Außer dem Protokollbuch, dem Terminkalender und dem Kassenbuch wird dem Schiedsmann auch ein Amtssiegel geliefert. Dieses Siegel, das der Schiedsmann gegen unbefugte Benutzung nachdrücklichst zu sichern hat, benutzt er zum Verschluß seiner amtlichen Briefe. Außerdem ist ein Abdruck des Siegels gewissen vom Schiedsmann auszufertigenden Schriftstücken beizufügen, wie das in diesem Buche an den gehörigen Stellen bemerkt ist.

Den in das Protokollbuch eingetragenen Vergleichen und Vermerken braucht das Siegel nicht beigedrückt zu werden, auch nicht den vom Schiedsmann erteilten einfachen (unbeglaubigten) Abschriften von Verhandlungen.

Nur ausnahmsweise darf der Schiedsmann sich seines Siegels zu außeramtlichen Zwecken bedienen. Wie oben S. 10 ausgeführt, gehört die Beglaubigung von Unterschriften und Erteilung von Bescheinigungen im allgemeinen nicht zu den Befugnissen des Schiedsmanns. In einer Reihe von Gesetzen und obrigkeitlichen Anordnungen anderer Art ist jedoch im

Interesse der Kostenersparnis für die Beteiligten und der Vereinfachung des Geschäftsbetriebs ausdrücklich die Erteilung (Beglaubigung) von Bescheinigungen durch irgendeinen Beamten, der ein öffentliches Siegel führt, als genügend bezeichnet. Der Justizminister hat nun erklärt,[1]) daß in derartigen Bestimmungen eine Erweiterung der amtlichen Zuständigkeit des Schiedsmanns — von den auf S. 10 besprochenen Fällen abgesehen — zwar nicht erblickt werden dürfe, daß die Schiedsmänner sich jedoch, wenn sie sich außeramtlich der Erteilung (Beglaubigung) solcher Bescheinigungen unterziehen wollen, auch ihres Amtssiegels bedienen dürfen, wenn aus den Urkunden nur unzweifelhaft hervorgeht, daß sie Zwecken der gedachten Art dienen sollen. Einige dieser Fälle, die für den Schiedsmann praktische Bedeutung gewinnen können, seien hier erwähnt.

Es kann in der dargestellten Weise verfahren werden:

bei Erteilung der Quittungsbescheinigungen (Bescheinigung über das Leben des Berechtigten, über die Eigenhändigkeit seiner Unterschrift usw.), die bei Zahlung von Pensionen, Wartegeldern, Witwen- und Waisengeldern, laufenden Unterstützungen an frühere Beamte und deren Hinterbliebene verlangt werden;[1])

bei Beglaubigung der Unterschrift unter Vollmachten zur Empfangnahme von Postsendungen und unter Erklärungen dahin, daß ein Empfänger sich die für ihn bestimmten Postsendungen von der Post abholen will;[2])

bei der als Voraussetzung für die Vornahme der Feuer-

[1]) Rundverfügung vom 7. Januar 1913 (I 8872); jetzt formell aufgehoben, aber inhaltlich fortbestehend (vgl. § 9 Abs. 4 der Geschäftsanweisung, S. 120).

[2]) § 9 Ziff. 6 der Zivilpensionsordnung vom 12. Juli 1910; § 23 Ziff. 14 der Justizrechnungsordnung vom 16. Mai 1914.

[3]) §§ 38 III, 42 I der Postordnung vom 22. Dezember 1921.

bestattung bedeutungsvollen Beurkundung der Tatsache, daß eine Person ihre Feuerbestattung angeordnet hat.[1])

Die weiteren in dies Gebiet gehörigen Fälle sind so beschaffen, daß eine Befassung des Schiedsmanns mit ihnen als unwahrscheinlich bezeichnet werden muß; von ihrer Aufführung wird daher abgesehen.

---

12. Die amtlichen Schriftstücke.

Im Interesse einer geregelten Dienstführung ist es nötig, daß der Schiedsmann in den amtlichen Schriftstücken, die an ihn gelangen, Ordnung hält, damit sie nicht verloren gehen, auch erforderlichenfalls rasch aufgefunden und eingesehen werden können. Der Schiedsmann nimmt daher zweckmäßig einen Umschlagbogen von starkem Papier, versieht ihn mit der Aufschrift: „Sammlung der amtlichen Schriftstücke des Schiedsmanns zu . . . ." und legt in diesen Bogen diejenigen Schriftstücke, die er in amtlicher Eigenschaft erhält, also insbesondere ihm zugehende Verfügungen der vorgesetzten Behörden, Abschriften der Revisionsprotokolle (vgl. S. 91) u. dgl.[2])

Die Schriftstücke werden in der „Sammlung" nach der Zeitfolge geordnet, und jedes Schriftstück erhält auf der ersten Seite eine fortlaufende Nummer, die bei dem ersten Schriftstück mit Nr. 1 beginnt. Damit der Schiedsmann Schriftstücke, die für seine Tätigkeit von besonderem Wert sind, leicht finden kann, empfiehlt es sich, vorn in die Sammlung einen be-

---

[1]) § 9 des Gesetzes betreffend die Feuerbestattung vom 14. September 1911.

[2]) Schriftliche Mitteilungen der Parteien über eine Streitsache, sowie überhaupt Schriftstücke, die für die Amtsführung des Schiedsmanns keinen dauernden Wert haben, braucht er nicht aufzubewahren (oder er legt sie in einen besonderen Bogen).

sonderen Bogen Papier einzuheften, auf dem dann ein solches wichtiges Schriftstück mit kurzer Inhaltsangabe notiert und zugleich angegeben wird, unter welcher Nummer es in der Sammlung zu finden ist.

Jeder neu eintretende Schiedsmann hat darauf hinzuwirken, daß ihm von dem früheren Schiedsmanne (oder von dessen Erben) diejenigen Schriftstücke ausgehändigt werden, die nicht bloß auf die Person des früheren Schiedsmanns, sondern allgemein auf die Amtsführung desselben Bezug haben. Diese Schriftstücke sind nicht Privateigentum des Empfängers geworden, sondern sie sind amtlicher Natur und daher an den Amtsnachfolger, unmittelbar oder durch Vermittlung der Polizeibehörde (Landrat, Magistrat), auszufolgen.

Es ist erforderlich, daß der Schiedsmann seine Dienstpapiere (das Protokollbuch, den Terminkalender, das Kassenbuch, die Sammlung) sowie das Amtssiegel stets zusammen in einem bestimmten Fache oder Behältnis, und zwar verschlossen, aufbewahrt.

13. Abschriften und Ausfertigungen der Protokolle.

Die Parteien, die vor dem Schiedsmann verhandelt und sich verglichen haben, oder deren Rechtsnachfolger, also insbesondere im Falle des Todes einer Partei deren Erben, können vom Schiedsmann die Erteilung einer Abschrift oder einer Ausfertigung des in das Protokollbuch eingetragenen Vergleichsprotokolls verlangen, sobald die Kosten des Verfahrens vollständig beglichen sind (vgl. S. 74). Andere Personen erhalten Abschriften oder Ausfertigungen nicht. Ob der Schiedsmann selbst oder sein Vorgänger das Protokoll, von welchem Abschrift oder Ausfertigung verlangt wird, aufgenommen hat, ist gleichgültig.

1. Eine Abschrift wird hergestellt, indem der Schiedsmann das betreffende, in das Protokollbuch eingetragene Protokoll einfach abschreibt oder abschreiben läßt, und zwar von der laufenden Nummer an, welche das betreffende Protokoll im Buche hat, bis zur Unterschrift des Schiedsmanns. Zum Zeichen aber, daß das Abgeschriebene eine Abschrift und nicht die Urschrift ist, wird vor die mitabgeschriebenen Unterschriften der Parteien und des Schiedsmanns am Schlusse des Protokolls das eingeklammerte Wort: (gezeichnet) oder abgekürzt: (gez.) gesetzt. Der Schluß einer Abschrift des auf S. 42 mitgeteilten Protokolls würde also so aussehen:

(gez.) Fr. Müller. (gez.) Heinr. Bergmann.
Geschlossen
(gez.) Hartmuth, Schiedsmann.

Ein Abdruck des Amtssiegels wird der Abschrift nicht beigefügt. Die Erteilung derselben braucht im Protokollbuch nicht vermerkt zu werden. Über die dem Schiedsmann für die Abschrift zustehende Schreibgebühr vgl. S. 74.

2. Ausfertigungen sind Abschriften die vom Schiedsmann in besonderer Form beglaubigt sind.

Um eine Ausfertigung herzustellen, wird zunächst eine wörtliche Abschrift des betreffenden Protokolls einschließlich der Unterschrift des Schiedsmanns und sämtlicher dazu gesetzter Vermerke (auch der Kosten- und etwaigen Ausfertigungsvermerke) gefertigt, und dann dem Schluß dieser Abschrift ein Zusatz angefügt, der, wenn Müller die Ausfertigung beantragt hat, wie folgt zu fassen ist:

Vorstehende, im Protokollbuche unter Nr. 42 eingetragene Verhandlung wird ausgefertigt für den Handelsmann Friedrich Müller in Neustadt.

Neustadt, den 4. Mai 1925.

(Hierher der Siegelabdruck.) Hartmuth, Schiedsmann.

Einer solchen Ausfertigung muß also, wie vorstehend ersichtlich, neben der eigenhändigen **Unterschrift** des Schiedsmanns das **Amtssiegel** beigedrückt werden; der angefügte Vermerk muß ferner die Angabe des **Orts** und der **Zeit** der **Ausfertigung** sowie die Bezeichnung **desjenigen, für welchen** die Ausfertigung erteilt wird, enthalten. Der Ausfertigungsvermerk ist stets in deutscher Sprache zu erteilen, auch wenn das Protokoll ausschließlich in einer fremden Sprache abgefaßt sein sollte. Wenn die Ausfertigung mehr als einen Bogen umfaßt, so müssen die mehreren Bogen zusammengeheftet werden, und es muß dann das Amtssiegel so aufgesetzt werden, daß es den Heftfaden hält, so daß die Bogen ohne Verletzung des Siegels nicht getrennt werden können. Wenn der Schiedsmann nicht auch ein Lacksiegel hat, so daß er einen Abdruck mit Siegellack machen kann, so klebt er auf das Ende des Heftfadens ein ent- entsprechend ausgeschnittenes Stück Papier und setzt auf dieses einen Abdruck seines Schwarzdruck- (oder Buntdruck-)siegels.

Der Schiedsmann ist dafür haftbar, daß die von ihm erteilte Ausfertigung wörtlich mit der in das Protokollbuch eingetragenen Urschrift übereinstimmt, daß auch keiner der zugehörigen Vermerke fehlt. Die genaue Beobachtung dieser Vorschrift ist deshalb unbedingt erforderlich, weil das Amtsgericht sich bei Erteilung einer **vollstreckbaren** Ausfertigung (vgl. unten 3) unbedingt auf die Vollständigkeit muß verlassen können. Die Erteilung auszugsweiser Ausfertigungen ist nicht statthaft.

Wenn der Schiedsmann einer Partei eine Ausfertigung erteilt,[1]) so muß er **vor** ihrer Aushändigung im Protokollbuch

[1]) Über den bei Erteilung einer Ausfertigung auf derselben zu machenden **Vermerk** wegen eines zum Originalprotokoll etwa verwendeten **Stempels** vgl. S. 83. Übrigens darf und muß der Schiedsmann auf Verlangen eine Ausfertigung erteilen, auch wenn der zu der Urschrift erforderliche Stempel (vgl. S. 78) noch nicht verwendet ist. Er hat dann einen entsprechenden Vermerk auf die Ausfertigung zu setzen.

am Rande neben dem betreffenden Protokoll unter Beifügung seiner Unterschrift vermerken, wann und für wen dies geschehen ist, etwa so:

Ausfertigung ist dem Handelsmann Friedrich Müller am 4. 5. 25. erteilt.

Hartmuth.

Über die dem Schiedsmann für die Ausfertigung zustehende Schreibgebühr vgl. S. 74.

Befindet sich das betreffende Protokollbuch nicht mehr in der Verwahrung des Schiedsmanns, sondern beim Amtsgericht (vgl. S. 63), so hat der Schiedsmann die Partei, die eine Ausfertigung wünscht, an den Gerichtsschreiber des Amtsgerichts zu verweisen.

3. Außer einfachen Abschriften (vorstehend 1) und einfachen Ausfertigungen (vorstehend 2) können die Parteien oder deren Rechtsnachfolger auch vollstreckbare Ausfertigungen der in das Protokollbuch eingetragenen Vergleichsprotokolle verlangen. Eine solche vollstreckbare Ausfertigung ist für die Partei erforderlich, wenn sie genötigt ist, auf Grund des vor dem Schiedsmann abgeschlossenen Vergleichs die Zwangsvollstreckung gegen den Gegner vornehmen zu lassen, weil er die von ihm im Vergleich übernommenen Verpflichtungen nicht erfüllt. Solche vollstreckbaren Ausfertigungen hat aber im Gegensatz zu früher nicht mehr der Schiedsmann zu erteilen, sondern das Amtsgericht. Der Schiedsmann hat daher die Partei, die eine vollstreckbare Ausfertigung wünscht, unter Aushändigung einer einfachen Ausfertigung (oben 2) an das Amtsgericht zu verweisen, in dessen Bezirk der Schiedsmann seinen Wohnsitz (seine Wohnung) hat.

Erteilt dies eine vollstreckbare Ausfertigung, so benachrichtigt es den Schiedsmann davon, sofern sich das Protokollbuch nicht bereits in Verwahrung des Amtsgerichts befindet (vgl. S. 63).

Auf Grund dieser Benachrichtigung hat der Schiedsmann im Protokollbuche neben dem betreffenden Originalprotokoll zu vermerken, wann und von wem sowie für und gegen welche Personen die Ausfertigung erteilt ist, etwa so:

Vollstreckbare Ausfertigung ist am 11. 5. 25 von dem Amtsgericht in Neustadt dem Handelsmann Friedrich Müller zu Neustadt gegen den Schuhmacher Heinrich Bergmann ebenda erteilt.

Hartmuth.

oder wenn ein Wechsel in der Person des Gläubigers und (oder) des Schuldners eingetreten ist, etwa so:

Vollstreckbare Ausfertigung ist am 17. 9. 25 von dem Amtsgericht in Neustadt dem Bäcker Christoph Schnelle in Waldburg als Vormund über die beiden minderjährigen Kinder und Erben Karl und Emma des verstorbenen Handelsmanns Friedrich Müller aus Neustadt zum Zwecke der Zwangsvollstreckung gegen die Erben des verstorbenen Schuhmachers Heinrich Bergmann aus Neustadt, nämlich

1. den Handlungsgehilfen Moritz Bergmann in Berlin,
2. die Ehefrau des Mechanikers Otto Vollguth, Hermine geb. Bergmann in Zwickau,

erteilt.

Hartmuth.

4. Außer Abschriften oder Ausfertigungen von Protokollen kann die Partei vom Schiedsmann in gewissen Fällen auch eine Bescheinigung über die Erfolglosigkeit eines Sühneversuchs verlangen (vgl. S. 58).

---

14. Die Parteikosten.

Das Verfahren vor dem Schiedsmann ist nur mit ganz geringen Kosten belastet. Gerade durch die Billigkeit dieses Verfahrens soll dahin gewirkt werden, daß streitende Parteien, ehe sie den Prozeßweg beschreiten, gütliche Einigung vor dem Schiedsmann wenigstens versuchen. Immerhin hat es sich im Wandel der Zeitverhältnisse nicht als möglich erwiesen, an dem alten Grundsatz festzuhalten und von den Parteien nur Schreibgebühren zu erheben sowie die Erstattung der baren Auslagen zu verlangen. Das Gesetz in seiner neuen Fassung führt eine **Gebühr** für die Tätigkeit des Schiedsmanns ein.

1. Diese Gebühr beträgt für die Sühneverhandlung[1]) im allgemeinen 4 RM, falls die Verhandlung aber zu einem Vergleich führt, 8 RM. Hat eine Sühneverhandlung nicht stattgefunden, und ist daher eine der vorerwähnten Gebühren nicht fällig geworden, so kann der Schiedsmann, sofern eine Bescheinigung über die Erfolglosigkeit des Sühneversuchs (vgl. S. 58) von ihm verlangt wird, hierfür eine Gebühr von 2 RM beanspruchen.

Der Schiedsmann ist jedoch an diese Gebühren der Höhe nach nicht zwingend gebunden. Scheinen sie ihm nach Lage des Falls zu hoch, macht insbesondere derjenige, der die Gebühr entrichten soll, ihm glaubhaft, daß die Zahlung eine Beeinträchtigung des für ihn und seine Familie notwendigen Unterhalts zur Folge haben würde, wozu, wenn der Schiedsmann die Verhältnisse nicht selbst kennt, ein polizeiliches Armutsattest genügt, so kann der Schiedsmann die Gebühr ermäßigen oder ganz von der Festsetzung einer solchen absehen.[2]) Andererseits kann er die Verhandlungsgebühr (nicht auch die Gebühr für die Bescheinigung) bis auf 50 RM erhöhen, wenn ihm das bei Berücksichtigung der wirtschaftlichen Verhältnisse der

---

[1]) Die Gebühr ist fällig, wenn eine Verhandlung mit beiden Parteien begonnen hat; sie wird für alle Termine eines Verfahrens nur einmal geschuldet.

[2]) Beides kann gegebenenfalls auch nachträglich geschehen.

Parteien, insbesondere des Zahlungspflichtigen, angesichts der Schwierigkeit des Falles angezeigt erscheint.

Der Schiedsmann kann seine Tätigkeit von der Zahlung der Normalgebühr von 4 RM (jedoch nicht von der Zahlung eines allgemeinen Auslagenvorschusses) abhängig machen[1]) und wird das stets dann zu tun haben, wenn ihm die Zahlungsfähigkeit des Antragstellers nicht sicher bekannt ist.[2]) Er muß dabei — ebenso wie bei Entscheidung der Frage, ob eine Ermäßigung der Gebühr angezeigt erscheint — berücksichtigen, daß er nicht nur sein eigenes Interesse wahrnimmt, sondern zugleich auch die Interessen der mit den sächlichen Kosten belasteten Gemeinde vertritt, die Anspruch auf einen Teil der eingehenden Gebühren hat. — Die Erteilung einer Protokollabschrift oder Protokollausfertigung sowie einer Sühnebescheinigung soll unter allen Umständen bis zur vollständigen Bezahlung sämtlicher Kosten unterbleiben.

2. Neben der Gebühr (vgl. die vorangehende Nummer) hat der Schiedsmann Anspruch auf Schreibgebühren. Sie betragen für jedes Schriftstück von nicht mehr als zwei Seiten Umfang 40 RPf, für jede folgende Seite, mag sie auch nur angefangen sein, weitere 15 RPf. Aus den Schreibgebühren muß der Schiedsmann die Kosten der Beschaffung von Papier und Schreibmaterialien für den Verkehr mit den Parteien bestreiten.

Schreibgebühren kann der Schiedsmann beanspruchen für Aufnahme von Anträgen zu Protokoll (vgl. S. 28), für

---

[1]) Das Recht besteht nicht, wenn es sich um eine gegen einen Beamten oder ein Mitglied der bewaffneten Macht in dieser Eigenschaft gerichtete Beleidigung oder Körperverletzung handelt (vgl. S. 51).

[2]) Stellt sich später heraus, daß eine Gebühr nicht oder doch nicht in Höhe des erhobenen Vorschusses fällig geworden ist, so ist der Vorschuß natürlich insoweit zurückzuzahlen.

Mitteilungen an die Parteien,[1]) unter anderem auch für Ladungen (vgl. S. 29), wenn sie nicht mit dem zu Protokoll genommenen Antrag ein Schriftstück bilden, für Abschriften und Ausfertigungen von Vergleichsprotokollen (vgl. S. 68ff.) sowie für Bescheinigungen (vgl. S. 58). Dagegen darf der Schiedsmann für Eintragungen in seine amtlichen Bücher, insbesondere für Aufnahme der Protokolle, ebenso auch für die Festsetzung von Ordnungsstrafen keine Schreibgebühren erheben. Das Gleiche gilt für seinen Schriftverkehr mit Behörden (Aufsichtsbehörde, Gemeindebehörde); dieser rechnet zu den sächlichen Kosten (vgl. S. 95).

Der Schiedsmann kann die Zahlung auch der Schreibgebühren vor Aufnahme des Antrags usw. fordern und kann seine Tätigkeit — außer in den auf S. 74 Anm. 1 erwähnten Fällen — von der vorhergehenden Entrichtung abhängig machen.

3. Endlich kann der Schiedsmann sich seine baren Auslagen, vor allem Portokosten (für Schriftverkehr mit den Parteien, nicht für den mit Behörden, der zu den sächlichen Kosten gehört), sowie Botenlöhne und Fuhrkosten von den Parteien in Höhe der tatsächlich aufgewendeten Beträge erstatten lassen. Auch insoweit kann er Vorschuß verlangen.

4. Zahlungspflichtig ist hinsichtlich der Gebühr für die Tätigkeit des Schiedsmanns (oben 1) der Antragsteller, im übrigen diejenige Partei, die die Aufnahme des Antrages oder die Erteilung des Schriftstücks beantragt oder sonst Anlaß zur Entstehung der Kosten gegeben hat. Ist jedoch ein Vergleich zustande gekommen, oder die Vermittlung des Schiedsmanns von beiden Parteien nachgesucht worden, so haftet jede Partei dem Schiedsmann für

---

[1]) Diese 5 Worte sind neu eingefügt; früher herrschte Streit darüber, ob der Schiedsmann insoweit Ansprüche geltend machen konnte.

die **gesamten** Kosten, soweit solche bis zum Schlusse der Verhandlung entstanden sind. Hat eine Partei die Kosten des Verfahrens vor dem Schiedsmann übernommen, so werden die Kosten zweckmäßig von dieser Partei allein eingezogen; ist sie jedoch unvermögend, so haftet auch die andere Partei dafür. Stets ist die Partei selbst Kostenschuldner, nicht etwa ihr gesetzlicher Vertreter oder Bevollmächtigter.

5. Der Schiedsmann muß die entstandenen Kosten im Protokollbuch unmittelbar unter der betreffenden Verhandlung oder, wenn keine Niederschrift im Protokollbuch erfolgt, in der letzten Spalte des Terminkalenders berechnen. Sieht er von Festsetzung einer Gebühr ab, so hat er auch das zu vermerken. Im andern Falle ist die Nummer des Kassenbuchs (vgl. S. 64) anzugeben. Der Vermerk ist zu datieren und zu unterzeichnen. Er dient gleichzeitig zur Überwachung des Eingangs der Schreibgebühren und der den Parteien zur Last fallenden baren Auslagen, da diese nicht ins Kassenbuch gehören.

6. Werden die Kosten nicht freiwillig gezahlt, so kann der Schiedsmann sie durch die Gemeindebehörde seines Wohnsitzes in gleicher Weise wie Gemeindeabgaben **beitreiben lassen**. Das Ersuchen um Beitreibung würde in solchem Falle beispielsweise so zu fassen sein:

An den Magistrat zu Neustadt.

In der bei mir anhängig gewesenen Sühnesache des Kaufmanns Peter Knierim gegen den Sattler Philipp Benz, beide hier, sind die nachstehend berechneten Kosten erwachsen. Da Benz die Zahlung der Kosten, soweit sie bis zum Schlusse der Verhandlung entstanden waren, im Vergleich übernommen, meine Zahlungsaufforderung aber unbeachtet gelassen hat, so ersuche ich, die nachstehenden Beträge von ihm beitreiben zu lassen und mir frei zu übersenden:

Gebühr	8.— RM
Schreibgebühr für den Antrag	0,40 „
Schreibgebühr und Porto für die Ladungen . .	0,90 „
Fuhrwerk zum Ortstermin am Liebenower Anger	3,00 „
Schreibgebühr und Porto für die Zahlungsaufforderung	0,45 „
zusammen	12,75 RM

Neustadt, den 3. März 1925.

(Siegelabdruck.) Hartmuth, Schiedsmann.

Beigetriebene Gelder können bis zur Abrechnung zwischen Gemeinde und Schiedsmann (vgl. S. 95) in der Gemeindekasse verbleiben.

7. Von den Kosten fließt die Gebühr (oben 1) je zur Hälfte dem Schiedsmann und den Gemeinden zu, welche die sächlichen Kosten (vgl. S. 75) zu tragen haben, solange es sich um die Gebühr in ihrer gesetzlich vorgesehenen Höhe oder um die ermäßigte Gebühr handelt. Hat der Schiedsmann die Gebühr jedoch erhöht, so hat er auf den Mehrbetrag keinen Anspruch; dieser gelangt vielmehr unverkürzt an die Gemeinden. Ist beispielsweise beim Zustandekommen eines Vergleichs die Gebühr auf 20 RM festgesetzt worden, so darf der Schiedsmann nur 4 RM behalten; 16 RM muß er abführen. — Dagegen verbleiben die Schreibgebühren und der Ersatz der baren Auslagen unverkürzt dem Schiedsmann.

8. Beschwerden gegen die Festsetzung der Gebühren und Auslagen werden wie Dienstaufsichtsbeschwerden behandelt (vgl. S. 91).

15. Stempelsteuerliche Verpflichtungen.

Unter der vorhergehenden Nummer ist erörtert worden, welche Kosten den Parteien durch das Verfahren vor dem Schiedsmann erwachsen. Daneben ist die Frage zu streifen, ob und welche Stempelgebühren etwa für die vom Schiedsmann aufgenommenen Verhandlungen entrichtet werden müssen.[1]) Es kommen hier nur die in das Protokollbuch eingetragenen Vergleiche in Betracht; alle übrigen Niederschriften des Schiedsmanns sind ohne Einschränkungen stempelfrei.

Es ist nun vor allem hervorzuheben, daß die Schiedsmänner nicht verpflichtet sind, dafür zu sorgen, daß die von ihnen aufgenommenen Vergleichsprotokolle mit dem etwa erforderlichen Stempel versehen werden, und daß daher aus einer etwa unterlassenen Stempelverwendung den Schiedsmann keinerlei Strafe oder Nachteil treffen kann. Auch wenn der Schiedsmann die Verstempelung aber vornimmt, entsteht für ihn aus der nicht ordnungsmäßigen oder nicht ausreichenden Verwendung von Stempelzeichen keine Haftbarkeit. Dieses vorausgeschickt ist über die Stempelverwendung zu Schiedsmannsprotokollen folgendes zu sagen:

1. Die vor dem Schiedsmann geschlossenen Vergleiche sind allerdings unter Umständen stempelpflichtig. Dies kommt aber nur bei Vergleichen in Streitsachen vor, bei denen es sich um Geld oder Geldeswert handelt, also der Regel nach nur in bürgerlichen Rechtsstreitigkeiten, niemals dagegen in Strafsachen, wenn der Antragsteller lediglich eine Genugtuung (Ehrenerklärung u. dgl.) verlangt. Aber auch in bürgerlichen Rechtsstreitigkeiten ist der Vergleich stets stempelfrei, wenn der Wert des Streitgegenstandes 150 RM nicht übersteigt. Nur bei Streitgegenständen im Werte von mehr als 150 RM kann also eine Stempelpflichtigkeit in Frage kommen.

Es ist nämlich denkbar, daß in dem vor dem Schiedsmann

---

[1]) Diese Frage ist auf Grund des Stempelsteuergesetzes, in der Fassung vom 27. Oktober 1924 (vgl. besonders § 4 Abs. 1 a und e, § 13 Abs. 2, § 15 Abs. 2), sowie des die Anlage dazu bildenden Stempeltarifs (vgl. besonders Nr. 17) zu beantworten.

abgeschlossenen Vergleich ein Rechtsgeschäft enthalten ist, das, wenn es sonst schriftlich zwischen den Parteien abgeschlossen würde, nach den geltenden Stempelsteuervorschriften stempelpflichtig wäre. Dieses Rechtsgeschäft ist auch dann stempelpflichtig, wenn es vor dem Schiedsmann im Rahmen eines Vergleichs schriftlich abgeschlossen wird. Welche Rechtsgeschäfte überhaupt stempelpflichtig sind, und zu welchem Betrage sie es sind, ergibt der Stempeltarif zum Stempelsteuergesetz. Es genügt für den Schiedsmann, wenn die Stempelsätze für die am häufigsten vorkommenden stempelpflichtigen Geschäfte nachstehend mitgeteilt werden.

Es beträgt der Stempel:

für Kauf- oder Tauschverträge über bewegliche[1]) Sachen $^2/_3$ vom Hundert des Kaufpreises bzw. des Wertes desjenigen der beiden Tauschobjekte, welches den höheren Wert hat;

„ Pacht- oder Mietverträge im allgemeinen[2]) $^3/_{10}$ vom Hundert des Zinses;

„ Schuldverschreibungen $^1/_6$ vom Hundert des Kapitalbetrages; werden die Schuldverschreibungen aber über Darlehen ausgestellt, die innerhalb Jahresfrist oder in einem kürzeren Zeitraum zurückzuzahlen sind, $^1/_{25}$ vom Hundert der dargeliehenen Summe;

„ Abtretungen (Zessionen) von Forderungen $^1/_{10}$ vom Hundert;

„ Bürgschaftsübernahmen $^1/_{10}$ vom Hundert des Wertes der gesicherten Forderung;

„ Erbauseinandersetzungen (Erbteilungen) $^2/_{25}$ vom

---

[1]) Kauf- oder Tauschverträge über Grundstücke kommen für den Schiedsmann nicht in Betracht (vgl. S. 19).

[2]) Verträge über die Verpachtung im Inlande gelegener Grundstücke zur land- oder forstwirtschaftlichen Nutzung unterliegen jedoch einem Stempel von nur $^1/_{10}$ vom Hundert des Zinses.

Hundert des reinen Nachlaßwertes, soweit über ihn verfügt wird.[1])

Die Stempelabgabe beträgt bei Vergleichen mindestens 3 RM; sie steigt um je 50 RPf, wird also nötigenfalls nach oben oder unten abgerundet, je nachdem die Zwischenbeträge mehr oder weniger als 25 oder 75 RPf ausmachen.

Entspricht der Inhalt eines vor dem Schiedsmann abgeschlossenen Vergleichs keinem der mit besonderen Stempelsätzen belegten Verträge, so ist der Vergleich nicht stempelpflichtig.

2. Daß der zum Vergleich nach Vorstehendem etwa erforderliche Stempel nun auch verwandt wird, dafür zu sorgen, ist, wie oben bemerkt, der Schiedsmann rechtlich nicht verpflichtet; es haben vielmehr die Parteien, die den Vergleich geschlossen haben, bei Vermeidung der Stempelstrafe die ordnungsmäßige Beibringung des Stempels zu bewirken, und zwar muß das innerhalb vierzehn Tagen seit dem Tage des Vergleichsabschlusses geschehen. Sind die Parteien geschäftsunkundig, so hat der Schiedsmann sie jedoch auf die ihnen obliegende Verpflichtung hinzuweisen, um sie vor der Stempelstrafe zu bewahren. Die Parteien genügen ihrer Verpflichtung dadurch, daß sie innerhalb der genannten Frist den erforderlichen Stempelbetrag in Stempelmarken anschaffen und die Marken dem Schiedsmann zur vorschriftsmäßigen Verwendung übergeben. Die Stempelmarken haben sie beim Finanzamt oder dem Stempelverteiler zu kaufen.[2])

---

[1]) Gehören Grundstücke zum Nachlaß, so gilt Besonderes; Verträge über solche Nachlässe kommen aber für den Schiedsmann nicht in Betracht (vgl. S. 19).

[2]) Wie hoch der zum Vergleich zu verwendende Stempel ist, in welchem Betrage also Stempelmarken anzuschaffen sind, das haben die Parteien selbst zu prüfen. Die Stempelbehörden sind aber angewiesen, in Zweifelsfällen Auskunft über die Höhe des erforderlichen Stempels

3. Ist dem Schiedsmann der erforderliche Stempel innerhalb der vierzehntägigen Frist von den Parteien in Stempelmarken übergeben worden, so ist es nunmehr Sache des Schiedsmanns, die Marken, und zwar ebenfalls noch innerhalb dieser Frist, in vorschriftsmäßiger Weise zu dem betreffenden Vergleichsprotokolle in seinem Protokollbuche zu verwenden (zu „entwerten"). Die Art und Weise, wie dies zu geschehen hat, ist genau bestimmt, und dem Schiedsmann ist anzuraten, jedesmal, ehe er eine Marke entwertet, die nachfolgenden Bemerkungen durchzulesen oder eine früher ordnungsmäßig entwertete Marke genau anzusehen; denn im Falle einer unrichtigen, d. h. nicht vollständig den vorgeschriebenen Formen entsprechenden Entwertung der Marken gilt die Stempelverwendung als nicht geschehen.

Die Vorschriften über die Entwertung der Stempelmarken sind folgende:[1])

zu erteilen. Diese Auskunft kann in der Regel nur erteilt werden, wenn der Behörde eine wörtliche Abschrift des Vergleichs vorgelegt wird. Die Parteien werden sich daher, wenn sie über den zu verwendenden Stempel im Zweifel sind, zweckmäßig sogleich vom Schiedsmann eine Abschrift des Vergleichs geben lassen und unter Vorlegung derselben eine mit dem Vertrieb von Stempelzeichen befaßte Amtsstelle oder einen Stempelverteiler um Verabfolgung der erforderlichen Stempelmarken ersuchen. Die Marken dürfen aber nicht auf die Abschrift geklebt und entwertet werden, da sie vom Schiedsmann auf der Urschrift des betreffenden Protokolls entwertet werden müssen. Damit die Partei sich für den Fall, daß etwa der Stempel von dem Beamten oder dem Stempelverteiler zu niedrig berechnet worden ist, gegen die sonst immerhin mögliche Verhängung einer Stempelstrafe sichert, ist es gut, sich auf der Abschrift von dem Steuerbeamten oder dem Stempelverteiler bescheinigen zu lassen, daß der Stempel zu dem und dem Betrage amtlich berechnet worden ist.

[1]) Nr. 14, 16, 18 der Ausführungsbestimmungen des Finanzministers vom 16. August 1910 (zum Teil durch spätere Verfügungen abgeändert).

a) Die Stempelmarken sind oben auf der ersten Seite des betreffenden Vergleichsprotokolls im Protokollbuch sorgfältig so einzukleben, daß sie keine Schriftzeichen verdecken. Sind es mehrere Marken, so können sie neben- oder untereinander geklebt werden; jedoch muß, wegen des unten zu b bis d Angeführten, freier Raum zwischen den einzelnen Marken bleiben. Es empfiehlt sich daher, Vergleichsprotokolle, zu denen ein Stempel verwandt werden muß, nicht mitten oder unten auf der Seite, etwa dicht unter dem davorstehenden Protokoll, einzuschreiben, sondern damit eine neue Seite zu beginnen und soweit vom oberen Rande anzufangen, daß genügend Raum für die Stempelmarken vorhanden ist.

b) Jede einzelne Marke ist nun vorschriftsmäßig durch Aufdruck des Amtssiegels und durch Aufschrift zu entwerten; bei mehreren Marken ist darauf zu achten, daß die Entwertungszeichen der einen Marke nicht auf die andere Marke übergreifen.

c) Der schwarze Abdruck des Amtssiegels ist so aufzusetzen, daß er teils den oberen Teil der Stempelmarke, teils das darüber befindliche Papier bedeckt.

d) Die in deutlichen Schriftzeichen vom Schiedsmann selbst auszuführende Aufschrift muß enthalten: das Datum, und zwar den Tag und das Jahr in Ziffern, den Monat in Buchstaben (auch abgekürzt, also z. B. 2. Aug. 25), den Ortsnamen und den Namen des Schiedsmanns, letztere beiden voll ausgeschrieben. Sie kommt auf den unteren Teil der Stempelmarke (unter den Siegelabdruck) und auf das die Marke umgebende Papier zu stehen, und zwar so, wie es auf der nebenstehenden Zeichnung einer ordnungsmäßig entwerteten Stempelmarke veranschaulicht ist. Das Beispiel ist genau zu beachten, insbesondere ist auch darauf zu sehen, daß der Ortsname (an der rechten Seite) und der Name des Schiedsmanns (nach beiden Seiten) auf das die Marke umgebende Papier übergreifen.

4. Nach Vorschrift des Gesetzes muß auf allen Ausfertigungen (vgl. S. 69) von stempelpflichtigen Verhandlungen (nicht auf einfachen Abschriften) vermerkt werden, welcher Stempel zur Urschrift verwendet, oder daß ein solcher nicht beigebracht worden ist. Dieser Vermerk ist zweckmäßig oben auf die erste Seite der Ausfertigung zu setzen. Er ist beispielsweise zu fassen wie folgt:

Zur Urschrift ist ein Stempel von 1,50 RM verwendet.
Lehmann, Schiedsmann.

oder:

Zur Urschrift ist ein Stempel (noch) nicht verwendet.
Lehmann, Schiedsmann.

5. Damit die richtige Verstempelung der in das Protokollbuch eingetragenen Vergleiche geprüft werden kann, können die Protokollbücher von Zeit zu Zeit durch einen Beamten des Finanzamtes einer Revision unterzogen werden. Mit Rücksicht darauf jedoch, daß der Geschäftsbetrieb der Schiedsmänner ohnehin durch die Aufsichtsbehörde kontrolliert wird (vgl. S. 91), ist bestimmt, daß von der Vornahme solcher Stempelprüfungen in der Regel abgesehen werden soll. Gegebenenfalls ist der Schiedsmann aber verpflichtet, das Protokollbuch und die sonstigen Dienstpapiere, die für die Revision von Wichtigkeit sind, dem Beamten vorzulegen, ihm auch jede gewünschte Auskunft zu erteilen und einen angemessenen Raum zur Vornahme der Revision zur Verfügung zu stellen, oder ihm auf Verlangen Bücher und Papiere zu übersenden,[1]) falls dies ohne Nachteil für den Geschäftsgang beim Schiedsmann geschehen kann.

[1]) Die Kosten der Übersendung sind zu den sächlichen Kosten des Schiedsmannsamts (vgl. S. 95) zu rechnen.

II. Die amtliche Stellung des Schiedsmanns.

16. Die Begründung des Amts.

1. In der Regel wird für jede Gemeinde oder jeden selbständigen Gutsbezirk ein Schiedsmann bestellt; ausnahmsweise können kleinere Gemeinden oder Gutsbezirke mit anderen zu einem Schiedsmannsbezirke vereinigt werden, für den dann ein Schiedsmann zu bestellen ist. In Städten und größeren Gemeinden werden nach Bedürfnis mehrere Schiedsmannsbezirke gebildet. Eine Änderung der Bezirke ist auch während der Wahlperiode der im Amt befindlichen Schiedsmänner zulässig. Die Schiedsmänner dürfen ihre amtliche Tätigkeit nur in ihrem Bezirke ausüben, ausgenommen den Fall der Stellvertretung (vgl. S. 93); ein Vergleich, den ein Schiedsmann außerhalb seines Bezirks aufnehmen würde, würde nicht den Charakter eines Schiedsmannsvergleichs tragen.

Die Schiedsmänner werden durch die Gemeindevertretungen oder Kreis-(Amts-)vertretungen gewählt. Die Wahl erfolgt auf drei Jahre, und zwar auch dann, wenn der Gewählte an die Stelle eines vorzeitig Ausgeschiedenen treten soll. Bis zum Amtsantritte des Neugewählten bleibt der bisherige Schiedsmann in Tätigkeit.

2. Die zu Schiedsmännern Gewählten bedürfen der Bestätigung durch das Präsidium des Landgerichts, in dessen Bezirk sie ihren Wohnsitz haben. Wird die Bestätigung versagt, so ist eine Neuwahl vorzunehmen; erfolgt die Bestätigung, so wird der Schiedsmann beim Amtsgericht seines Wohnsitzes auf Erfüllung seiner Obliegenheiten eidlich verpflichtet. Verbietet seine religiöse Gesinnung ihm die Eidesleistung, gehört er aber einer Religionsgesellschaft an, der das Gesetz den Gebrauch ge-

wisser Beteuerungsformeln an Stelle des Eides gestattet, so kann er sich ihrer statt des Eides bedienen. Wünscht er den Eid in nicht religiöser Form zu leisten, so hat er das Recht dazu.[1]) — Mit der Eidesleistung sind die Voraussetzungen für seine Amtsführung erfüllt; eine Bestallung erhält er nicht.

Wenn ein Schiedsmann nach Ablauf seiner dreijährigen Amtszeit wiedergewählt wird, so ist zwar eine neue Bestätigung, nicht aber eine neue Vereidigung erforderlich; der Schiedsmann wird vielmehr für die Dauer seiner neuen Amtszeit auf den früher von ihm geleisteten Eid verwiesen, was durch schriftliche Verfügung geschehen kann.

3. Zum Amte eines Schiedsmanns ist nicht zu berufen:[2])

1) wer das dreißigste Lebensjahr nicht vollendet hat;
2) wer nicht in dem Schiedsmannsbezirke wohnt, für den die Berufung erfolgt;
3) wer infolge strafgerichtlicher Verurteilung die Befähigung zur Bekleidung öffentlicher Ämter verloren hat;
4) wer in der Verfügung über sein Vermögen beschränkt ist, weil er wegen Geisteskrankheit, Geistesschwäche, Verschwendung oder Trunksucht gerichtlich entmündigt oder unter vorläufige Vormundschaft gestellt ist, oder weil über sein Vermögen das Konkursverfahren eröffnet und noch nicht zum Abschluß gebracht worden ist.

Reichs- und Staatsbeamte sowie besoldete Beamte der Kommunal- oder Kirchenverwaltung bedürfen zur Übernahme

---

[1]) Vgl. Artikel 136 Abs. 4 und Artikel 177 der Reichsverfassung.

[2]) Auch Frauen sind nicht zu berufen, wie sich schon aus der Bezeichnung Schiedsmann ergibt. Artikel 109 Abs. 2 der Reichsverfassung steht mangels einer auf die Schiedsmänner anwendbaren landesgesetzlichen Bestimmung nicht entgegen. Wiederholt haben deshalb Landgerichtspräsidien die Bestätigung gewählter Frauen abgelehnt, und der Justizminister hat das gebilligt. (Verfügung vom 21. August 1920 — I. 1645.)

des Amts der Genehmigung ihrer zunächst vorgesetzten Behörde, Militärpersonen der Genehmigung ihrer Dienstvorgesetzten.

Daß zu Schiedsmännern nur solche Personen gewählt werden dürfen, die ihrer Vorbildung und geistigen Befähigung nach imstande sind, die ihnen vorgetragenen Rechtshändel richtig aufzufassen und das zwischen den Parteien Vereinbarte in verständlicher Weise schriftlich zum Ausdruck zu bringen, ist selbstverständlich; es ist darauf bei der Wahl der Schiedsmänner Rücksicht zu nehmen.

4. Zur Ablehnung des Amts eines Schiedsmanns [1]) berechtigen folgende Entschuldigungsgründe:

1) das Alter von 60 Jahren;
2) die Verwaltung des Schiedsmannsamts während der voraufgegangenen drei Jahre;
3) anhaltende Krankheit;
4) Geschäfte, die eine lange oder häufige Abwesenheit vom Wohnorte mit sich bringen;
5) die Verwaltung eines unmittelbaren Staatsamts;
6) sonstige besondere Verhältnisse, die nach billigem Ermessen eine gültige Entschuldigung begründen.

Abgesehen davon kann sich der Gewählte natürlich darauf berufen, daß er gewählt worden sei, obwohl einer der oben unter 3. aufgeführten Ausschließungsgründe vorlag.

Über die Befugnis zur Ablehnung wird von der Körperschaft, welche die Wahl des Schiedsmanns bewirkt, unanfechtbar entschieden. Ein Beschwerderecht ist dem Schiedsmann also nicht gegeben.

5. Wer sich ohne einen der vorstehend unter 4. mitgeteilten Entschuldigungsgründe weigert, das Amt des Schiedsmanns

[1]) Abgelehnt werden kann das Amt nur vor erfolgter Bestätigung; demnächst kommt eine Niederlegung des Amtes in Frage; hierüber vgl. S. 92.

zu übernehmen, unterliegt gewissen Strafen (vgl. den auf S. 99 abgedruckten § 10 der Schiedsmannsordnung).

6. Wegen der Aushändigung der amtlichen Bücher und der sonstigen Papiere sowie des Amtssiegels an den neugewählten Schiedsmann ist bereits in den einschlägigen Abschnitten das Erforderliche gesagt.

---

17. Rechte und Pflichten im Amt.

1. Das Amt des Schiedsmanns ist ein Ehrenamt.[1]) Die Schiedsmänner haben bei Ausübung ihres Amts die Rechte der Beamten. Durch diese Bestimmung soll ihnen ein erhöhter rechtlicher Schutz gewährt und ihr Einfluß befestigt werden. Eine Folge der Beamteneigenschaft ist, daß die Schiedsmänner bei Verfolgung der ihnen in Ausübung ihres Amtes oder mit Bezug auf dasselbe zugefügten Beleidigungen und Körperverletzungen nicht, wie es bei Privatpersonen regelmäßig der Fall ist, auf die von ihnen selbst beim Amtsgericht zu erhebende Privatklage angewiesen sind, sondern daß der Staatsanwalt sich auf die Anzeige des Schiedsmanns hin veranlaßt sehen wird, von Amts wegen gegen den Beleidiger einzuschreiten; den erforderlichen Strafantrag können in solchen Fällen an Stelle des Schiedsmanns auch dessen amtliche Vorgesetzte (vgl. S. 90) stellen. Wird die Strafverfolgung im Wege der Privatklage durchgeführt, so bedarf es gleichwohl keines Sühneversuchs, wie er sonst vorgeschrieben ist (vgl. S. 51).

2. Andererseits bringt die Beamteneigenschaft auch Pflichten

---

[1]) Ob diese vom Gesetz auch in der neuen Fassung aufrechterhaltene Kennzeichnung angesichts der Tatsache, daß der Schiedsmann jetzt einen Gebührenanteil erhält (vgl. S. 77), ganz unbedenklich ist, mag dahingestellt bleiben.

für den Schiedsmann mit sich; insbesondere muß er auch den bloßen Anschein der Bestechlichkeit durchaus vermeiden; er darf von den Parteien keine Geschenke annehmen, und zwar weder vor noch nach dem Sühnetermin. Für die pflichtgetreue Erfüllung der mit der Festsetzung und Erhebung der Kosten und Ordnungsstrafen, der Kassenführung und der Vornahme der Buchungen verbundenen Aufgaben hat er nach den für Beamte geltenden strengen Vorschriften einzustehen. Im Falle eines Fehlbetrags in der Kasse kann er dem sogenannten Defektenverfahren unterworfen werden, das der alsbaldigen Sicherung des Ersatzes dient.

Der Schiedsmann muß sich auch für sein Amt zur Verfügung halten. Er darf sich nicht länger als eine Woche von seinem Wohnort entfernen, ohne Urlaub nachgesucht zu haben, dessen Bewilligung der Aufsichtsbehörde obliegt (vgl. S. 91).

3. Über alle Tatsachen und Umstände, die in Ausübung des Amts zu seiner Kenntnis gelangen, und die ihrer Natur nach Geheimhaltung verlangen, muß er Amtsverschwiegenheit beobachten. Mit Rücksicht hierauf kann er auch, wenn er als Zeuge in einer bürgerlichen Rechtsstreitigkeit (einem Prozeß) vernommen werden soll, unter Berufung auf § 383 Nr. 5 der Zivilprozeßordnung[1]) unter Umständen sein Zeugnis verweigern. Es kommt hier der Fall in Betracht, daß der Schiedsmann in einem Zivilprozeß auf Antrag einer der Parteien über Tatsachen vernommen werden soll, die ihm in seiner Eigenschaft als Schiedsmann anvertraut sind, und deren Geheim-

[1]) Die Vorschrift lautet:

„Zur Verweigerung des Zeugnisses sind berechtigt: .... Personen, welchen kraft ihres Amtes, Standes oder Gewerbes Tatsachen anvertraut sind, deren Geheimhaltung durch die Natur derselben oder durch gesetzliche Vorschrift geboten ist, in Betreff der Tatsachen, auf welche die Verpflichtung zur Verschwiegenheit sich bezieht."

haltung im berechtigten Interesse eines Beteiligten liegt. Über solche Tatsachen (aber nur über solche) braucht sich der Schiedsmann als Zeuge nicht vernehmen zu lassen, und er kann daher, wenn aus seiner Vorladung klar erhellt, daß er **nur** über solche Tatsachen vernommen werden soll, das Zeugnis überhaupt verweigern. Ob die Weigerung im einzelnen Falle als begründet anzuerkennen ist, darüber entscheidet das Prozeßgericht, auf erhobene Beschwerde das höhere Gericht. Glaubt der Schiedsmann, aus dem vorstehend mitgeteilten Grunde sein Zeugnis verweigern zu müssen, so hat er, wenn er in dem zu seiner Vernehmung bestimmten Termin, in welchem er sein Weigerungsrecht mündlich geltend machen könnte, nicht erscheinen will, zeitig vor diesem Termin entweder schriftlich, durch ein Schreiben an das Prozeßgericht, oder mündlich auf der Gerichtsschreiberei des Amtsgerichts (zu Protokoll des Gerichtsschreibers) seine Weigerung zu erklären und dabei unter Berufung auf seinen Diensteid die Versicherung abzugeben, daß die Tatsachen, über die sein Zeugnis verlangt werde, ihm in seiner Eigenschaft als Schiedsmann amtlich anvertraut seien, und er sich zu ihrer Geheimhaltung für verpflichtet halte. Er braucht alsdann in dem Vernehmungstermin nicht zu erscheinen und kann abwarten, ob seine Weigerung als begründet anerkannt, oder ob etwa von den Parteien auf sein Zeugnis verzichtet wird. Übrigens fällt das Recht der Zeugnisverweigerung weg, wenn der Schiedsmann seitens der Beteiligten von der Verpflichtung zur Verschwiegenheit entbunden ist.

In **Strafsachen** ist der Schiedsmann zur Zeugnisverweigerung aus dem angegebenen Grunde **nicht** berechtigt.

Hervorzuheben ist jedoch noch folgendes: Nach § 376 der Zivilprozeßordnung und § 54 der Strafprozeßordnung dürfen öffentliche Beamte, auch wenn sie nicht mehr im Dienste sind, über Umstände, auf die sich ihre Pflicht zur Amtsverschwiegenheit bezieht, in Zivilprozessen wie in Strafsachen als Zeugen nur mit Genehmigung ihrer vorgesetzten Dienstbehörde oder der ihnen zuletzt vorgesetzt gewesenen Dienstbehörde vernommen werden. Als öffentliche Beamte im Sinne dieser Vorschriften sind auch die Schiedsmänner anzusehen. Die erforderliche Genehmigung muß von dem Gericht eingeholt werden. Der Justizminister hat nun der Befürchtung Ausdruck gegeben, das Vertrauen der Parteien in die Tätigkeit des Schiedsmanns könne erschüttert werden, wenn sie befürchten müßten, daß dieser über ihre rückhaltlosen Äußerungen ihm gegenüber demnächst als Zeuge werde vernommen werden. Er hat darauf hingewiesen, daß bei Prüfung der Frage, ob die Genehmigung zur Vernehmung erteilt werden könne oder nicht, dieser Erwägung Rechnung getragen werden müsse.

4. Der Schiedsmann untersteht hinsichtlich seiner Amtsführung einer staatlichen Beaufsichtigung. Aufsichtsbehörden sind der aufsichtsführende Richter des Amtsgerichts, in dessen Bezirk der Schiedsmann seinen Wohnsitz (seine Wohnung) hat, in höherer Instanz der Landgerichtspräsident, dann der Oberlandesgerichtspräsident, endlich der Justizminister. Ihnen steht die Befugnis zu, die ordnungswidrige Ausführung eines Schiedsmannsgeschäfts zu rügen. Zur Verhängung anderer Disziplinarstrafen, insbesondere von Geldstrafen, über den Schiedsmann sind sie nicht befugt. Gegen die Erteilung einer Rüge durch den aufsichtsführenden Richter steht dem Schiedsmann die Beschwerde an den Landgerichtspräsidenten zu; er kann die Sache demnächst weiter an den Oberlandesgerichtspräsidenten und an den Justizminister bringen. Die genannten Aufsichtsbehörden haben ferner über Beschwerden, die über einen Schiedsmann erhoben werden und den Geschäftsbetrieb oder Verzögerungen betreffen oder die Festsetzung von Ordnungsstrafen oder von

Gebühren und Auslagen zum Gegenstand haben, zu entscheiden. Die Entscheidungen ergehen gebührenfrei.

Bei der Aufsichtsbehörde hat der Schiedsmann auch Urlaub nachzusuchen, und zwar so rechtzeitig, daß seine Vertretung gesichert werden kann. Die Bewilligung ist vom Vorliegen erheblicher Gründe und vom Vorhandensein von Vertretung abhängig. Ist der Schiedsmann aus zwingenden Gründen (z. B. Krankheit) für länger als eine Woche behindert, so hat er der Aufsichtsbehörde Anzeige zu erstatten. Andererseits kann er sich an die Aufsichtsbehörde — d. h. zunächst immer an den aufsichtsführenden Richter, durch dessen Vermittlung auch Eingaben an die höheren Stellen einzureichen sind — um Rat in dienstlichen Angelegenheiten wenden. Alljährlich einmal hält der aufsichtsführende Richter eine Besprechung mit den Schiedsmännern seines Bezirks ab, in der Zweifel zur Sprache gebracht und Wünsche geltend gemacht werden können.

5. Der aufsichtsführende Richter hat in der Regel jährlich, mindestens aber alle drei Jahre einmal die amtlichen Bücher des Schiedsmanns (Protokollbuch, Terminkalender, Kassenbuch) zu prüfen. Darüber hinaus sind alle Aufsichtsbehörden jederzeit befugt, sofern nach ihrer Ansicht eine besondere Veranlassung vorliegt, die gesamte Amtsverwaltung des Schiedsmanns oder auch nur die Kassenverwaltung einer Prüfung selbst zu unterziehen oder durch beauftragte Beamte unterziehen zu lassen. Die über das Ergebnis jeder Prüfung aufgenommene Verhandlung wird dem Schiedsmann mit den etwa erforderlichen Bemerkungen zur Kenntnis abschriftlich mitgeteilt.

6. Um über die Tätigkeit der Schiedsmänner eine Übersicht zu gewinnen, ist ihnen die Aufstellung jährlicher Nachweisungen über die von ihnen erledigten Geschäfte aufgegeben. Diese Nachweisungen sind alsbald nach dem Jahresschluß auf Grund der amtlichen Bücher und der sonstigen Aufzeichnungen

zu fertigen und bis zum 1. Februar jeden Jahres unaufgefordert an das Amtsgericht einzusenden. Was die Nachweisungen zu enthalten haben, ist im Abschnitt XII der Ausführungsverfügung (vgl. S. 115) gesagt; es wird darauf verwiesen.

7. Wegen der Verpflichtung der Schiedsmänner zur Abrechnung mit den Gemeinden vgl. S. 95.

18. Die Beendigung des Amts.

1. Aus den auf S. 86 angegebenen Gründen, die zur Ablehnung des Schiedsmannsamts berechtigen, kann der Schiedsmann auch vor Ablauf der Zeit, für die die Wahl erfolgt ist, sein Amt niederlegen. Das Gleiche gilt, wenn einer der auf S. 85 aufgeführten Ausschließungsgründe nachträglich eintritt. Er darf jedoch nicht ohne weiteres seine Tätigkeit einstellen, sondern muß unter Angabe und, soweit erforderlich, Nachweis der Hinderungsgründe die Niederlegung der Aufsichtsbehörde gegenüber erklären und, soweit tunlich, die Geschäfte so lange fortführen, bis die Entscheidung getroffen und ein Nachfolger verpflichtet ist; andernfalls hat der Stellvertreter (vgl. S. 93) für ihn einzutreten. Über die Befugnis zur Niederlegung des Amts entscheidet das Präsidium des Landgerichts endgültig, d. h. ohne daß gegen die Entscheidung eine Beschwerde zulässig wäre.

2. Tritt einer der auf S. 85 angeführten Umstände, bei deren Vorhandensein eine Berufung zum Schiedsmannsamt nicht zu erfolgen hat, nachträglich ein, oder wird ein solcher nachträglich bekannt, so ist der Schiedsmann auch gegen seinen Willen seines Amtes zu entheben. Er kann auch aus anderen erheblichen Gründen, insbesondere wegen erheblicher Pflichtverletzungen, seines Amtes enthoben werden. Die Enthebung vom Amte wird vom Oberlandesgericht nach vorhergehender Anhörung des Schiedsmanns ausgesprochen. Erfolgt

sie mit Rücksicht auf die unberechtigte Weigerung des Schiedsmanns, sein Amt während der vorgeschriebenen Amtsdauer weiter zu versehen, so gilt das S. 86 unter 5. Gesagte entsprechend. — Eine vorläufige Enthebung vom Amte (Suspension) ist nicht vorgesehen.

5. Hat der Schiedsmann sein Amt (nach Ablauf der dreijährigen Amtszeit oder während derselben aus den vorstehend unter 1. bezeichneten Gründen) niedergelegt, oder ist er seines Amtes enthoben worden, so muß er sein Amtssiegel sowie die amtlichen Bücher und Schriftstücke ungesäumt derjenigen Behörde zurückgeben, von der er sie empfangen hat. Beim Tode des Schiedsmanns haben die Hinterbliebenen für Rückgabe dieser Gegenstände zu sorgen.

19. Schiedsmanns-Stellvertreter.

1. Jeder Schiedsmann erhält einen Stellvertreter. Die Stellvertretung kann dahin geordnet werden, daß bestimmte Schiedsmänner sich gegenseitig vertreten. Die Stellung des Schiedsmannsvertreters ist die gleiche wie die des Schiedsmanns, und alles, was über die Wahl, Bestätigung und eidliche Verpflichtung des Schiedsmanns, über die Gründe der Ablehnung und der Niederlegung des Amts durch ihn, endlich auch über seine Enthebung vom Amte gesagt ist, findet auf den Schiedsmanns-Stellvertreter Anwendung. Der Stellvertreter hat aber nur dann das Schiedsmannsamt auszuüben, wenn der Schiedsmann an der Ausübung verhindert ist, sei es, daß er abwesend, krank oder verstorben ist, oder daß einer der Gründe vorliegt, aus denen er von der Ausübung des Amts im Einzelfalle kraft Gesetzes ausgeschlossen ist (vgl. S. 17), oder daß er sein Amt unter Zustimmung des Präsidiums des Landgerichts niedergelegt hat oder seines Amtes enthoben, aber noch nicht durch einen

Nachfolger ersetzt ist. Ist die Amtsdauer des Schiedsmanns abgelaufen, aber sein Nachfolger noch nicht bestätigt oder eidlich verpflichtet, oder hat derselbe aus sonstigen Gründen das Amt noch nicht antreten können, so hat, bis das Hindernis behoben ist, der bisherige Schiedsmann die Geschäfte einstweilen fortzuführen (S. 84); der Stellvertreter tritt in diesem Falle nicht ein.

2. Wenn der Stellvertreter in die Lage kommt, das Schiedsmannsamt auszuüben, so tritt er völlig an die Stelle des Schiedsmanns. Er muß dann das Amtssiegel, das Protokollbuch,[1]) den Terminkalender, das Kassenbuch und die sonstigen amtlichen Schriftstücke des Schiedsmanns an sich nehmen und so lange in Verwahrung halten, bis der Schiedsmann seine Tätigkeit wieder aufnimmt. Hinsichtlich des Amtssiegels gilt dies nur dann, wenn der Schiedsmanns-Stellvertreter nicht ein eigenes Amtssiegel als Schiedsmann führt. Wegen der Benutzung des Protokollbuchs vgl. S. 62.

3. Tritt der Fall ein, daß der Schiedsmann und sein Stellvertreter gleichzeitig an der Ausübung des Amts behindert, oder daß beide Ämter gleichzeitig erledigt sind, so darf die Aufsichtsbehörde die einstweilige Wahrnehmung der Geschäfte einem benachbarten Schiedsmann oder Stellvertreter übertragen. Der Schiedsmann oder seine Stellvertreter haben von der Behinderung unverzüglich Anzeige zu erstatten.

4. Wird ein Schiedsmann in seiner Eigenschaft als Stellvertreter des Schiedsmanns eines anderen Bezirks tätig, so darf er auch in diesem anderen Bezirk seine Tätigkeit ausüben, während er sonst auf seinen eigenen Bezirk beschränkt ist.

[1]) Wenn er es auch vielleicht nicht zu Eintragungen benutzt (vgl. S. 62), so muß er doch gegebenenfalls Abschriften und Ausfertigungen daraus erteilen können.

20. Die Kosten der Amtsführung des Schiedsmanns.

Inwieweit der Schiedsmann Erstattung der durch die Besorgung des Schriftwerks sowie durch bare Auslagen in den einzelnen Sühnesachen entstehenden Unkosten von den Parteien beanspruchen kann, ist oben S. 74 f. ausgeführt. Insoweit steht ihm ein Anspruch nur gegen die Parteien zu. Daneben gibt es aber eine Reihe weiterer Kosten, die durch die Verwaltung des Schiedsmannsamts im allgemeinen entstehen. Diese (die sog. sächlichen Kosten) fallen der Gemeinde zur Last. Zu den sächlichen Kosten gehören die Kosten des Schriftverkehrs mit den Behörden, die Kosten notwendiger Dienstreisen, die Kosten, die durch Beschaffung der amtlichen Bücher und des Siegels entstehen; es gehören ferner hierher die Kosten der Gestellung eines zur Besorgung der Schiedsmannsgeschäfte geeigneten Raums sowie seiner Ausstattung, Beleuchtung, Heizung und Reinigung, sofern der Schiedsmann es nicht vorzieht, die Geschäfte in seiner eigenen Wohnung zu erledigen. In letzterem Fall wird ein Übereinkommen mit der Gemeinde wegen Gewährung eines Zuschusses, insbesondere zu den Beleuchtungs- und Heizungskosten, sich rechtfertigen.

Sind mehrere Gemeinden (selbständige Gutsbezirke) zu einem Schiedsmannsbezirk vereinigt, so sind die Kosten im Innenverhältnis zwischen den Gemeinden nach Maßgabe ihrer Einwohnerzahl zu verteilen. Den Schiedsmann geht diese Verteilung aber nichts an; er hat nur mit der Gemeinde zu tun, in der er seinen Wohnsitz hat, und kann von ihr Erstattung der gesamten sächlichen Kosten verlangen. Andererseits hat er auch wegen des den Gemeinden zustehenden Anteils an den Einnahmen aus dem Schiedsmannsamt (vgl. S. 77) lediglich mit der Gemeinde seines Wohnsitzes abzurechnen und kann es dieser überlassen, entsprechende Beträge an die anderen Gemeinden abzuführen.

Das Nähere über die Art und Zeit der Abrechnung, bei der Kassenbuch, Protokollbuch und Terminkalender vorzulegen sind, ist der Verständigung zwischen dem Schiedsmann und der Gemeinde vorbehalten. Ausdrücklich bestimmt ist jedoch, daß der Schiedsmann eingehende Gelder, soweit sie überhaupt Gegenstand der Abrechnung sind (also nicht von den Parteien erstattete Schreibgebühren und bare Auslagen), bis zur Abrechnung von seinem eigenen Gelde getrennt aufzubewahren hat. Teilzahlungen darf der Schiedsmann zunächst auf die — in derselben Sache entstandenen — Schreibgebühren und baren Auslagen anrechnen.

Entstehen in den vorerwähnten Beziehungen des Schiedsmanns zur Gemeinde Schwierigkeiten, so wendet er sich stets an seine Aufsichtsbehörde (vgl. S. 90).

Anhang.

A. Schiedsmannsordnung

in der Fassung vom 3. Dezember 1924 (Gesetzsammlung S. 751).

Erster Abschnitt.

Das Amt der Schiedsmänner.

§ 1. (1) Zur Sühneverhandlung über streitige Rechtsangelegenheiten ist für jede Gemeinde ein Schiedsmann zu bestellen. Kleinere Gemeinden können mit anderen Gemeinden zu einem Schiedsmannsbezirke vereinigt, größere Gemeinden in mehrere Bezirke geteilt werden.

(2) Selbständige Gutsbezirke werden den Gemeinden gleichgeachtet.

(3) Die Abgrenzung der Bezirke erfolgt:

1. in denjenigen Städten, in welchen ein kollegialischer Gemeindevorstand vorhanden ist, durch diesen, in den übrigen durch den Bürgermeister;
2. für die Landgemeinden durch die Kreisvertretungen, in den Hohenzollernschen Landen durch die Amtsvertretungen.

§ 2. (1) Das Amt des Schiedsmanns ist ein Ehrenamt. Zu demselben ist nicht zu berufen:

1. wer das dreißigste Lebensjahr nicht vollendet hat;
2. wer nicht in dem Schiedsmannsbezirke wohnt, für welchen die Berufung erfolgt;
3. wer infolge strafgerichtlicher Verurteilung die Befähigung zur Bekleidung öffentlicher Ämter verloren hat;
4. wer infolge gerichtlicher Anordnung in der Verfügung über sein Vermögen beschränkt ist.

(2) Staatsbeamte und besoldete Beamte der Kommunal- oder Kirchenverwaltung bedürfen zur Übernahme des Amtes der Genehmigung ihrer zunächst vorgesetzten Behörde.

§ 3. (1) In denjenigen Gemeinden, welche für sich einen Schiedsmannsbezirk oder mehrere Schiedsmannsbezirke bilden, erfolgt die Wahl der Schiedsmänner durch die Gemeindevertretung (Versammlung der

Stadtverordneten, der Repräsentanten, der Bürgervorsteher, der Gemeindeverordneten, der Bürgerausschußmitglieder, der Gemeindeausschußmitglieder), wo eine gewählte Gemeindevertretung nicht besteht, durch die Gemeindeversammlung, in selbständigen Gutsbezirken durch **die Kreisvertretungen, in den Hohenzollernschen Landen durch die Amtsvertretungen.** [1])

(2) Für die aus mehreren Gemeinden zusammengesetzten Schiedsmannsbezirke werden die Schiedsmänner durch die Kreisvertretungen, in den Hohenzollernschen Landen durch die Amtsvertretungen gewählt.

(3) Die Wahl erfolgt auf drei Jahre. Bis zum Amtsantritte des Neugewählten bleibt der bisherige Schiedsmann in Tätigkeit.

§ 4. Die zu Schiedsmännern Gewählten bedürfen der Bestätigung durch das Präsidium des Landgerichts, in dessen Bezirk sie ihren Wohnsitz haben.

§ 5. (1) Die Schiedsmänner werden bei dem Amtsgericht ihres Wohnsitzes auf die Erfüllung ihrer Obliegenheiten eidlich verpflichtet. Der Eid wird dahin geleistet:

> „Ich schwöre bei Gott dem Allmächtigen und Allwissenden, die Pflichten eines Schiedsmanns getreulich zu erfüllen, so wahr mir Gott helfe."

(2) Ist ein Schiedsmann Mitglied einer Religionsgesellschaft, welcher das Gesetz den Gebrauch gewisser Beteuerungsformeln an Stelle des Eides gestattet, so wird die Abgabe einer Erklärung unter der Beteuerungsformel dieser Religionsgemeinschaft der Eidesleistung gleichgeachtet.

(3) Im Falle der Wiederwahl eines Schiedsmanns genügt die Verweisung auf den von ihm bereits geleisteten Eid.

§ 6. Die Schiedsmänner haben bei Ausübung ihres Amtes die Rechte der Beamten.

§ 7. (1) Das Recht der Aufsicht über einen Schiedsmann steht zu:

1. dem Justizminister hinsichtlich sämtlicher Schiedsmänner;
2. dem Oberlandesgerichtspräsidenten hinsichtlich der in dem Oberlandesgerichtsbezirke wohnenden Schiedsmänner;
3. dem Präsidenten des Landgerichts hinsichtlich der in dem Landgerichtsbezirke wohnenden Schiedsmänner;
4. **dem Amtsrichter, der die allgemeine Dienstaufsicht führt, hinsichtlich der im Bezirke des Amtsgerichts wohnenden Schiedsmänner.**

(2) In dem Rechte der Aufsicht liegt die Befugnis, die ordnungswidrige Ausführung eines Schiedsmannsgeschäfts zu rügen.

---

[1]) Die Abweichungen, die die Neufassung des Gesetzes gegenüber dem früheren Gesetzestext aufweist, sind fett gedruckt.

(3) Beschwerden, welche den Geschäftsbetrieb oder Verzögerungen betreffen, werden im Aufsichtsweg erledigt.

§ 8. (1) Zur Ablehnung oder Niederlegung des Amtes eines Schiedsmanns vor Ablauf der Wahlperiode berechtigen folgende Entschuldigungsgründe:

1. das Alter von 60 Jahren;
2. die Verwaltung des Schiedsmannsamts während der voraufgegangenen drei Jahre;
3. anhaltende Krankheit;
4. Geschäfte, die eine lange oder häufige Abwesenheit vom Wohnorte mit sich bringen;
5. die Verwaltung eines unmittelbaren Staatsamts;
6. sonstige besondere Verhältnisse, die nach billigem Ermessen eine gültige Entschuldigung begründen.

(2) Über die Befugnis zur Ablehnung wird von der Körperschaft, welche die Wahl des Schiedsmanns bewirkt, und über die Befugnis zur Niederlegung vom Präsidium des Landgerichts endgültig entschieden.

§ 9. (1) Ein Schiedsmann ist seines Amtes zu entheben, wenn Umstände eintreten oder bekannt werden, bei deren Vorhandensein die Berufung nicht erfolgen soll. Er kann auch aus anderen erheblichen Gründen seines Amtes enthoben werden.

(2) Die Enthebung vom Amte erfolgt durch den Ersten Zivilsenat des Oberlandesgerichts, in dessen Bezirk der Schiedsmann seinen Wohnsitz hat, nach Anhörung des Beteiligten.

§ 10. (1) Wer sich ohne einen der im § 8 enthaltenen Entschuldigungsgründe weigert, das Amt des Schiedsmanns zu übernehmen oder das übernommene Amt während der vorgeschriebenen regelmäßigen Amtsdauer zu versehen, kann für einen Zeitraum von drei bis sechs Jahren der Ausübung seines Rechtes auf Teilnahme an der Vertretung und Verwaltung seiner Gemeinde für verlustig erklärt und um $^1/_8$ bis $^1/_4$ stärker als die übrigen Gemeindeangehörigen zu den Gemeindeabgaben herangezogen werden. Die Beschlußfassung hierüber steht der Gemeindevertretung (§ 3) zu; der Beschluß bedarf der Genehmigung der der Gemeinde vorgesetzten Behörde.

(2) Besitzern selbständiger Gutsbezirke kann in dem vorgedachten Falle durch den Kreisausschuß eine Erhöhung der Kreisabgabe um $^1/_8$ bis $^1/_4$ auf drei bis sechs Jahre auferlegt werden.

§ 11. (1) Jeder Schiedsmann erhält einen Stellvertreter. Die Stellvertretung kann dahin geordnet werden, daß bestimmte Schiedsmänner sich wechselseitig vertreten.

(2) Bei vorübergehender Behinderung oder gleichzeitiger Erledigung des Amtes des Schiedsmanns und des Stellvertreters ist die Aufsichts-

behörde ermächtigt, die einstweilige Wahrnehmung der Geschäfte einem benachbarten Schiedsmann oder Stellvertreter zu übertragen.

(3) Auf die Stellvertreter finden die §§ 2 bis 10 entsprechende Anwendung.

Zweiter Abschnitt.

Die Sühneverhandlung über bürgerliche Rechtsstreitigkeiten.

§ 12. (1) In bürgerlichen Rechtsstreitigkeiten findet eine Sühneverhandlung nur über vermögensrechtliche Ansprüche statt. Der Schiedsmann hat sich der Sühneverhandlung auf Antrag einer oder beider Parteien zu unterziehen. Zur Stellung dieses Antrags ist keine Partei verpflichtet.

(2) In Rechtsstreitigkeiten, deren Entscheidung den Auseinandersetzungsbehörden zusteht, findet eine Sühneverhandlung durch Schiedsmänner nicht statt.

§ 13. (1) Für die Sühneverhandlung ist der Schiedsmann zuständig, in dessen Bezirke der Gegner des Antragstellers seinen Wohnsitz hat.

(2) Ein an sich unzuständiger Schiedsmann wird jedoch durch ausdrückliche oder stillschweigende Vereinbarung der Parteien zuständig.

§ 14. Zu einer amtlichen Tätigkeit außerhalb seines Amtsbezirkes ist der Schiedsmann nur im Falle der Stellvertretung (§ 11) befugt.

§ 15. Der Schiedsmann ist von der Ausübung seines Amtes kraft Gesetzes ausgeschlossen:

1. in Sachen, in welchen er selbst Partei ist oder in Ansehung welcher er zu einer Partei in dem Verhältnis eines Mitberechtigten, Mitverpflichteten oder Regreßpflichtigen steht;
2. in Sachen seiner Ehefrau, auch wenn die Ehe nicht mehr besteht;
3. in Sachen einer Person, mit welcher er in gerader Linie verwandt, verschwägert oder durch **Annahme an Kindes Statt** verbunden, in der Seitenlinie bis zum dritten Grade verwandt oder bis zum zweiten Grade verschwägert ist, auch wenn die Ehe, durch welche die Schwägerschaft begründet ist, nicht mehr besteht;
4. in Sachen, in welchen er als Prozeßbevollmächtigter oder Beistand einer Partei bestellt oder als gesetzlicher Vertreter einer Partei aufzutreten berechtigt ist oder gewesen ist.

§ 16. Der Schiedsmann soll die Ausübung seines Amtes ablehnen:

1. wenn er der Sprache der Parteien nicht mächtig ist;
2. wenn zur Gültigkeit der Willenserklärung der Parteien dem Gegenstande nach die gerichtliche oder notarielle Form ausschließlich erfordert wird;

3. wenn die Parteien dem Schiedsmanne nicht bekannt sind und auch nicht nachweisen können, daß sie diejenigen sind, wofür sie sich ausgeben;
4. wenn Bedenken gegen die Geschäfts- oder Verfügungsfähigkeit der Parteien oder gegen die Legitimation der gesetzlichen Vertreter derselben bestehen;
5. wenn eine Partei blind oder taubstumm ist;
6. wenn eine Partei taub oder stumm ist und mit derselben eine schriftliche Verständigung nicht erfolgen kann.

§ 17. (1) Der Schiedsmann kann die Ausübung seines Amtes ablehnen:
1. wenn seine Zuständigkeit lediglich auf der Vereinbarung der Parteien beruht;
2. wenn ihm die streitige Angelegenheit zu weitläufig oder zu schwierig erscheint.

(2) Beschwerde gegen die Ablehnung findet nicht statt.

§ 18. Die Vertretung der Parteien durch Bevollmächtigte ist unzulässig. Gemeinden und Korporationen dürfen sich jedoch durch Bevollmächtigte aus ihrer Mitte vertreten lassen.

§ 19. Beistände der Parteien, mit Ausnahme der Beistände von Personen, welche des Lesens oder Schreibens nicht mächtig sind, können vom Schiedsmann in jeder Lage der Verhandlung zurückgewiesen werden.

§ 20. (1) Der Antrag auf Sühneverhandlung kann bei dem Schiedsmanne schriftlich eingereicht oder mündlich zu Protokoll gegeben werden. Derselbe muß den Namen, Stand und Wohnort der Parteien, eine allgemeine Angabe des Gegenstandes der Verhandlung und die Unterschrift des Antragstellers enthalten.

(2) **Wohnen die Parteien nicht in demselben Gemeindebezirke, so kann der Antrag bei dem Schiedsmann, in dessen Bezirk der Antragsteller wohnt, zu Protokoll gegeben werden. Das Protokoll ist dem zuständigen Schiedsmann alsbald zu übersenden.**

§ 21. Der Schiedsmann vermerkt auf dem Antrag oder einer Anlage desselben Zeit und Ort des Termins zur Verhandlung unter Androhung der Strafe für unentschuldigtes Ausbleiben (§ 22) und übergibt das Schriftstück dem Antragsteller zur Behändigung an den Gegner oder läßt diesem das Schriftstück — unter entsprechender Benachrichtigung des Antragstellers — in zuverlässiger Weise zustellen.

§ 22. (1) Eine Partei, welche vor dem zuständigen Schiedsmann in dem anberaumten Termine nicht erscheinen will oder kann, muß solches spätestens an dem dem Terminstage vorhergehenden Tage bei dem Schiedsmann anzeigen.

(2) Ist eine solche Anzeige nicht erstattet, so kann der Schiedsmann

gegen die im Termin ausgebliebene Partei eine **Ordnungsstrafe** von **einer bis zu dreißig Reichsmark** festsetzen.

(3) Beschwerden gegen die Festsetzung werden im Aufsichtsweg erledigt.

§ 23. Die Verhandlung der Parteien vor dem Schiedsmann ist eine mündliche. Der Schiedsmann hat Sorge zu tragen, daß dieselbe ohne Unterbrechung zu Ende geführt werde; erforderlichenfalls hat er den Termin zur Fortsetzung der Verhandlung sofort zu bestimmen.

§ 24. (1) Der Schiedsmann kann[1]) Zeugen und Sachverständige, welche freiwillig vor ihm erschienen sind, hören.

(2) Zur Beeidigung eines Zeugen oder Sachverständigen und zur Abnahme eines Parteieides ist der Schiedsmann nicht befugt.

§ 25. (1) Kommt ein Vergleich zustande, so ist derselbe zu Protokoll festzustellen.

(2) Das Protokoll wird in der Sprache der Parteien, und wenn nur eine Partei der deutschen Sprache mächtig ist, in dieser und der fremden Sprache aufgenommen.

(3) Das Protokoll enthält:

1. den Ort und die Zeit der Verhandlung;
2. die Namen der erschienenen Parteien, gesetzlichen Vertreter, Bevollmächtigten und Beistände sowie die Angabe, wie dieselben ihre Legitimation geführt haben;
3. den Gegenstand des Streites;
4. die Verabredung der Parteien.

(4) Kommt ein Vergleich nicht zustande, so hat der Schiedsmann hierüber einen kurzen Vermerk aufzunehmen.

§ 26. Das Protokoll ist den Parteien vorzulesen oder zur Durchsicht vorzulegen. In dem Protokoll ist zu bemerken, daß dies geschehen und die Genehmigung erfolgt sei.

§ 27. (1) Das Protokoll ist von den Parteien und dem Schiedsmanne durch Namensunterschrift zu vollziehen.

(2) Jede Partei, welche nicht unterschreiben kann, muß einen Beistand wählen, welcher für sie die Verhandlung mit seiner Namensunterschrift vollzieht oder die von ihr beigefügten Handzeichen beglaubigt. Der Schiedsmann hat dabei zu vermerken, von welcher Partei und aus welchem Grunde die eigenhändige Unterschrift unterblieben ist.

§ 28. (1) Die Protokolle werden der Zeitfolge nach in ein ausschließlich dazu bestimmtes Buch (Protokollbuch) eingeschrieben und mit einer fortlaufenden Nummer versehen.

---

[1]) Hier sind bei der Neufassung des Gesetzes die Worte „im Einverständnisse mit den Parteien" fortgefallen.

(2) Vollgeschriebene Protokollbücher sind an das Amtsgericht, in dessen Bezirk der Schiedsmann wohnt, zur Aufbewahrung abzugeben.

§ 29. Die Parteien oder deren Rechtsnachfolger erhalten auf Verlangen Abschrift oder Ausfertigung des Protokolls.

§ 30. (1) Die Ausfertigung besteht aus der mit dem Ausfertigungsvermerke versehenen Abschrift des Protokolls.

(2) Der Ausfertigungsvermerk muß die Angabe des Ortes und der Zeit der Ausfertigung und die Bezeichnung desjenigen, für welchen die Ausfertigung erteilt wird, enthalten und mit der Unterschrift und dem Amtssiegel des Schiedsmanns versehen sein.

§ 31. Die Ausfertigung wird von dem Schiedsmann erteilt, welcher die Urschrift des Protokolls verwahrt. Derselbe hat vor der Aushändigung auf der Urschrift des Protokolls zu vermerken, wann und für wen die Ausfertigung erteilt worden ist.

(2) Befindet sich das Protokollbuch in der Verwahrung des Amtsgerichts (§ 28), so wird die Ausfertigung von dem Gerichtsschreiber desselben erteilt.

§ 32. (1) Aus den vor einem Schiedsmanne geschlossenen Vergleichen findet die gerichtliche Zwangsvollstreckung statt.

(2) Die Vorschriften der Deutschen Zivilprozeßordnung über die Zwangsvollstreckung aus notariellen Urkunden finden mit der Maßgabe entsprechende Anwendung, daß die Vollstreckungsklausel auf der gemäß §§ 30, 31 herzustellenden Ausfertigung von dem Amtsgericht zu erteilen ist, in dessen Bezirk der Schiedsmann wohnt.

(3) Auf der Urschrift des Protokolls ist zu vermerken, wann und von wem sowie für und gegen welche Personen die Vollstreckungsklausel erteilt worden ist. Zu diesem Zwecke hat das Amtsgericht, falls sich nicht das Protokollbuch in seiner Verwahrung befindet, den Schiedsmann von der Erteilung der Vollstreckungsklausel zu benachrichtigen.

Dritter Abschnitt.

Die Sühneverhandlungen in Strafsachen.

§ 33. Bei den nur auf Antrag zu verfolgenden Vergehen des Hausfriedensbruchs (§ 123 des Reichsstrafgesetzbuchs), der Beleidigung (§§ 185 bis 187[1] des Strafgesetzbuchs), der leichten vorsätzlichen (§ 223 des Strafgesetzbuchs) und der fahrlässigen Körperverletzung (§ 230 des Strafgesetzbuchs), der Verletzung fremder Geheimnisse (§ 299 des Strafgesetzbuchs) und der Sachbeschädigung (§ 303 des Strafgesetzbuchs) sowie bei dem Vergehen der Bedrohung (§ 241 des Strafgesetz-

[1]) Auch der § 189 — vgl. S. 15 Anm. — gehört hierher.

buchs) ist der Schiedsmann die zum Zwecke der Sühneverhandlung zuständige Vergleichsbehörde.

§ 34. Auf die Sühneverhandlung über **die im § 33 genannten Vergehen** finden die Vorschriften des zweiten Abschnitts mit den in den nachfolgenden Paragraphen enthaltenen Abweichungen entsprechende Anwendung.

§ 35. Soweit vor Erhebung der Privatklage [1]) nachgewiesen werden muß, daß die Sühne erfolglos versucht worden, ist für diesen Vergleichsversuch der Schiedsmann, in dessen Bezirk der Beschuldigte wohnt, [2]) zuständig. **Die Bestimmungen des § 13 Abs. 2 und des § 17 Nr. 1 finden Anwendung; wohnen die Parteien nicht in demselben Gemeindebezirk, so bedarf es der ausdrücklichen schriftlichen Zustimmung des Beschuldigten, wenn die Zuständigkeit eines Schiedsmanns begründet werden soll, der seinen Dienstsitz nicht am Wohnort des Beschuldigten hat.**

§ 36 (neu). (1) **Wohnen die Parteien nicht in demselben Gemeindebezirke, so kann das für die Erhebung der Privatklage zuständige Gericht auf Antrag gestatten, daß von dem Sühneversuch abgesehen werde, wenn der Antragsteller von dem Orte, an dem die Verhandlung stattfinden müßte, soweit entfernt wohnt, daß ihm unter Berücksichtigung seiner Verhältnisse und nach den Umständen des Falles nicht zugemutet werden kann, zu der Verhandlung zu erscheinen. Das Gericht kann statt dessen den Antragsteller ermächtigen, sich in dem Sühnetermine vertreten zu lassen. Über das Gesuch des Antragstellers hat das Gericht unverzüglich, ohne Anhörung des Antragsgegners, zu entscheiden.**

(2) **Gegen die Entscheidung des Gerichts steht dem Antragsteller die sofortige Beschwerde nach den Vorschriften der Deutschen Strafprozeßordnung zu.**

§ 37 (früher § 36). (1) **Der nach § 35 Satz 1** zuständige Schiedsmann darf die Ausübung seines Amtes aus den im § 16 Nr. 3 bis 6 und § 17 Abs. 1 Nr. 2 angegebenen Gründen nicht ablehnen.

(2) Er hat, wenn bei einer Partei einer der im § 16 Nr. 3 bis 6 angegebenen Umstände vorliegt, dies in dem Protokolle zu vermerken. Gegen eine solche Partei findet die Zwangsvollstreckung aus einem aufgenommenen Vergleiche nicht statt.

§ 38 (früher § 37). (1) Die Ladung zu der Sühneverhandlung ist den Parteien durch den Schiedsmann oder in anderer zuverlässiger Weise zuzustellen. **Steht eine Partei unter elterlicher Gewalt oder unter Vormundschaft, so ist der gesetzliche Vertreter von dem Sühnetermin zu benachrichtigen, sofern dies nicht aus besonderen Gründen untunlich erscheint; dasselbe gilt von dem Ehemann einer Partei. Der gesetzliche**

---

[1]) Hier sind die Worte „wegen Beleidigungen" fortgefallen.
[2]) Hier ist das Wort „ausschließlich" fortgefallen.

Vertreter und der Ehemann sind als Beistände zur Sühneverhandlung zuzulassen.

(2) Erscheint der Antragsteller in dem Termine nicht, so findet eine Sühneverhandlung nicht statt. **Das gleiche gilt, wenn er sich im Falle des § 36 Abs. 1 Satz 2 nicht durch eine mit schriftlicher Vollmacht versehene, verhandlungsfähige Person vertreten läßt.**

§ 39 (früher noch § 37). (1) **Der Beschuldigte hat in dem von dem zuständigen Schiedsmann anberaumten Termine persönlich zu erscheinen. Bleibt er aus,** so wird angenommen, daß er sich auf die Sühneverhandlung nicht einlassen wolle. **Wohnen die Parteien in demselben Gemeindebezirke, so tritt diese Wirkung erst dann ein, wenn der Beschuldigte auch in einem zweiten Termin ausbleibt.**

(2) **Der Schiedsmann kann gegen den Beschuldigten für jeden Fall des Ausbleibens eine Ordnungsstrafe von einer bis zu dreißig Reichsmark festsetzen. Auf die Folgen des Ausbleibens ist der Beschuldigte bei der Ladung hinzuweisen.**

(3) **Die Vorschriften finden entsprechende Anwendung, wenn sich der Beschuldigte vor dem Schlusse der Verhandlung entfernt.**

(4) **Beschwerden gegen die Festsetzung einer Ordnungsstrafe werden im Aufsichtsweg erledigt.**

§ 40 (früher § 38). (1) Eine Bescheinigung über die Erfolglosigkeit des Sühneversuchs kann nur erteilt werden, wenn der Antragsteller im Termin erschienen ist **oder im Falle des § 36 Abs. 1 Satz 2 sich hat vertreten lassen.**

(2) Die Bescheinigung muß mit der Unterschrift und dem Amtssiegel des Schiedsmanns versehen sein. Sie soll die Angabe der Zeit der Straftat und der Anbringung des Antrags sowie des Ortes und der Zeit der Ausstellung enthalten.

(3) Über die Verhandlung und die Ausstellung der Bescheinigung hat der Schiedsmann im Protokollbuch einen Vermerk aufzunehmen.

§ 41 (früher § 39). Für Privatklagen gegen Studierende kann der Justizminister im Einverständnisse mit dem Minister für **Wissenschaft, Kunst und Volksbildung** bestimmen, daß der nach § 380 der Deutschen Strafprozeßordnung erforderliche Sühneversuch nicht von dem Schiedsmanne, sondern von einer anderen Vergleichsbehörde vorzunehmen sei.

Vierter Abschnitt.

Kosten und Stempel.

§ 42 (früher §§ 40, 41). (1) **Die Vorschriften des Stempelsteuergesetzes über die Stempelpflichtigkeit der von den Schiedsmännern aufgenommenen Verhandlungen bleiben unberührt.**

(2) Die Erteilung von Ausfertigungen der Verhandlung ist von der vorgängigen Verwendung des Stempels nicht abhängig.

§ 43 (neu). (1) **Für die Sühneverhandlung wird eine Gebühr von vier Reichsmark erhoben; kommt ein Vergleich zustande, so erhöht sich die Gebühr auf acht Reichsmark. Der Schiedsmann kann unter Berücksichtigung der Verhältnisse der Parteien und der Schwierigkeit des Falles diese Gebühren auf höchstens fünfzig Reichsmark erhöhen.**

(2) **Für die Bescheinigung über die Erfolglosigkeit des Sühneversuchs (§ 40) wird eine Gebühr von zwei Reichsmark erhoben, sofern nicht eine Gebühr gemäß Abs. 1 zu erheben ist.**

(3) **Der Schiedsmann kann die Gebühren ermäßigen oder von der Festsetzung einer Gebühr ganz absehen.**

(4) **Der Schiedsmann kann seine Tätigkeit von der vorherigen Einzahlung der im Abs. 1 Satz 1 bestimmten Gebühr abhängig machen. Die Vorschrift findet keine Anwendung, wenn der amtliche Vorgesetzte gemäß den §§ 196, 232 Abs. 3 des Deutschen Strafgesetzbuchs befugt ist, Strafantrag zu stellen.**

§ 44 (früher § 42). Schreibgebühren und bare Auslagen sind dem Schiedsmann sofort zu entrichten. Derselbe kann seine Tätigkeit von der vorherigen Entrichtung abhängig machen; **§ 43 Abs. 4 Satz 2 gilt entsprechend.**

§ 45 (früher § 43). Die Schreibgebühren sind für die Aufnahme der Anträge, **für Mitteilungen an die Parteien** sowie für die Ausfertigungen und Abschriften der Verhandlungen und Bescheinigungen zu entrichten. Sie betragen mindestens **vierzig Reichspfennig** und bei Schriftstücken von mehr als zwei Seiten für jede folgende Seite **fünfzehn Reichspfennig.** Jede angefangene Seite wird als voll berechnet. **Der Justizminister wird ermächtigt, bei einer erheblichen Veränderung der wirtschaftlichen Verhältnisse die Schreibgebühr zu erhöhen oder zu ermäßigen.**

§ 46 (früher § 44). (1) **Die im § 43 bestimmten Gebühren fallen dem Antragsteller,** die Schreibgebühren und baren Auslagen fallen der Partei zur Last, welche sie veranlaßt hat. Ist jedoch ein Vergleich zustande gekommen oder die Vermittlung des Schiedsmanns von beiden Parteien nachgesucht, so haftet für die **Gebühren,** Schreibgebühren und baren Auslagen, welche bis zum Schlusse der Verhandlung entstanden sind, jede Partei.

(2) **Eine Abschrift oder eine Ausfertigung des Protokolls (§§ 29 bis 31) oder eine Bescheinigung über die Erfolglosigkeit des Sühneversuchs (§ 40) soll erst nach vollständiger Bezahlung der Gebühren, Schreibgebühren und Auslagen erteilt werden.**

§ 47 (früher noch § 44). Die **Gebühren, Schreibgebühren** und **baren** Auslagen werden auf Antrag des Schiedsmanns von den Beteiligten ebenso beigetrieben wie die Gemeindeabgaben.

§ 48 (früher § 45). (1) Die sächlichen Kosten des Schiedsmannsamts fallen der Gemeinde zur Last.

(2) In Bezirken, welche aus mehreren Gemeinden bestehen, werden die sächlichen Kosten auf die beteiligten Gemeinden nach dem Maßstabe der Seelenzahl verteilt. Den Gemeinden werden die selbständigen Gutsbezirke gleichgeachtet.

§ 49 (früher § 46). (1) Die Geldstrafen, welche in Gemäßheit dieses Gesetzes zur Erhebung gelangen, fließen den Gemeinden zu, welche die sächlichen Kosten zu tragen haben.

(2) **Die gemäß § 43 Abs. 1 Satz 1, Abs. 2 und 3 einkommenden Gebühren fließen zur Hälfte dem Schiedsmanne, zur anderen Hälfte den Gemeinden zu, welche die sächlichen Kosten zu tragen haben. Wird die Gebühr gemäß § 43 Abs. 1 Satz 2 über den im Satz 1 daselbst bestimmten Betrag hinaus erhöht, so fließt der Mehrbetrag ausschließlich den Gemeinden zu, welche die sächlichen Kosten zu tragen haben.**

(3) **Die Schreibgebühren und baren Auslagen fließen unverkürzt dem Schiedsmanne zu.**

§ 50 (neu). **Beschwerden gegen die Festsetzung der Gebühren und Auslagen werden im Aufsichtsweg erledigt.**

§ 51 (neu). **Für die Entscheidungen über Beschwerden im Aufsichtswege dürfen keine Verwaltungsgebühren erhoben werden.**

Schlußbestimmungen.

§ 52 (früher § 47). Die Vorschriften dieses Gesetzes, welche sich auf die Ausfertigung und Vollstreckung der abgeschlossenen Vergleiche beziehen, finden auch auf solche Vergleiche Anwendung, welche vor dem Inkrafttreten dieses Gesetzes von einem Schiedsmanne zu Protokoll genommen worden sind.

§ 53 (früher § 49). Mit der Ausführung **dieses Gesetzes** werden der Justizminister und der Minister das Innern beauftragt.

B. Gemeinschaftliche Verfügung des Justizministers und des Ministers des Innern zur Ausführung der Schiedsmannsordnung

vom 20. Dezember 1924.
(Justizministerialblatt 1925 S. 9.)

Auf Grund der §§ 41, 53 SchO.[1] in der Fassung der Bekanntmachung v. 3. 12. 1924 — GS. S. 751 — und des § 380 StPO. in der Fassung der Bekanntmachung v. 22. 3. 1924 — RGBl. I S. 322 — wird folgendes bestimmt:

I. Schiedsmannsbezirke.

(1) Die Grenzen der Schiedsmannsbezirke sollen die Grenzen der Amtsgerichtsbezirke nicht überschreiten. Ist die Einhaltung dieser Vorschrift aus besonderen Gründen nicht möglich, so ist in denjenigen Fällen, in denen die SchO. eine Mitwirkung der Amtsgerichte vorsieht — wie bei der Beeidigung (§ 5 Abs. 1 S. 1), bei der Dienstaufsicht (§ 7 Abs. 1), bei der Aufbewahrung des Protokollbuchs (§ 28 Abs. 2) und bei der Zwangsvollstreckung (§ 32 Abs. 1) —, dasjenige Amtsgericht ausschließlich zuständig, in dessen Bezirk der Schiedsmann seinen Wohnsitz hat.

(2) Ist die Gemeinde, in der der Schiedsmann seinen Wohnsitz hat, in mehrere Gerichtsbezirke geteilt, so ist — soweit nach der SchO. und nach dieser Verfügung die Zuständigkeit einer Justizbehörde sich nach dem Wohnsitz des Schiedsmanns richtet — innerhalb des Gemeindebezirkes die Wohnung des Schiedsmanns für die Zuständigkeit maßgebend.

(3) Landgemeinden und Gutsbezirke von weniger als 2000 Einwohnern sollen, falls nicht die Verhältnisse es untunlich erscheinen lassen, mit anderen Gemeinden zu einem Schiedsmannsbezirk dergestalt vereinigt werden, daß der Schiedsmannsbezirk mindestens 2000 Einwohner umfaßt.

(4) Die Änderung eines bestehenden Schiedsmannsbezirkes ist auch während der Wahlperiode des im Amte befindlichen Schiedsmanns zulässig. Würde durch eine Änderung von Schiedsmannsbezirken das Amt eines Schiedsmanns wegfallen oder in der Person des im Amte befind-

[1] In der Ausführungsverfügung und in der Geschäftsanweisung finden sich folgende Abkürzungen: SchO. = Schiedsmannsordnung; AusfV. = Verfügung zur Ausführung der Schiedsmannsordnung (vgl. oben); StGB. = Strafgesetzbuch; StPO. = Strafprozeßordnung; BGB. = Bürgerliches Gesetzbuch; ZPO. = Zivilprozeßordnung; GS. = Preußische Gesetzsammlung; RGBl. = Reichsgesetzblatt.

lichen Schiedsmanns der Fall des § 2 Abs. 1 Nr. 2 SchO. eintreten, so ist die Bezirksänderung nach Möglichkeit so vorzunehmen, daß sie mit der Beendigung der Wahlperiode des im Amte befindlichen Schiedsmanns (§ 3 Abs. 3 SchO.) zusammenfällt. Ist das aus besonderen Gründen nicht möglich, so wird, wenn nicht der Schiedsmann mit Genehmigung des Präsidiums des Landgerichts sein Amt freiwillig niederlegt (§ 8 SchO.), seine Enthebung vom Amte zu erwägen sein (§ 9 SchO.).

(5) Die Änderung eines bestehenden Schiedsmannsbezirkes ist durch die amtlichen Verkündungsblätter des Kreises — Oberamtsbezirkes — zur öffentlichen Kenntnis zu bringen.

II. Bestellung der Schiedsmänner.

(1) Die Wahl des Schiedsmanns oder des Stellvertreters (§ 11 Abs. 1 S. 1) erfolgt für jeden Schiedsmannsbezirk in einem getrennten Wahlgang.

(2) Sobald die Wahl des Schiedsmanns oder Stellvertreters vollzogen ist und die etwa geltend gemachten Ablehnungsgründe erledigt sind, hat der Vorstand des Wahlverbandes die Wahlverhandlungen dem Präsidium des Landgerichts, in dessen Bezirk der Gewählte seinen Wohnsitz hat, zu übersenden und alle auf dessen Person bezüglichen, für die Bestätigung erheblichen Mitteilungen beizufügen.

(3) Versagt das Landgerichtspräsidium die Bestätigung, so ist der Gewählte und der Vorstand des Wahlverbandes, letzterer behufs Vornahme einer Neuwahl, zu benachrichtigen. Erfolgt die Bestätigung, so veranlaßt der Landgerichtspräsident die Vereidigung des Neugewählten durch das Amtsgericht seines Wohnsitzes.

(4) Die erfolgte Vereidigung der in den Stadtbezirken gewählten Schiedsmänner oder Stellvertreter wird dem Magistrat oder Bürgermeister, der in ländlichen Bezirken gewählten dem Landrat (Oberamtmann) mitgeteilt.

(5) Die Namen der Schiedsmänner und der Stellvertreter sind alsdann durch die amtlichen Verkündungsblätter des Kreises (Oberamtsbezirkes) zur öffentlichen Kenntnis zu bringen.

(6) Eine Bestallung wird dem Schiedsmann nicht ausgehändigt.

(7) Die im Falle der Wiederwahl zulässige Verweisung auf den geleisteten Eid (§ 5 Abs. 3 SchO.) kann durch schriftliche Verfügung des für die Beeidigung zuständigen Amtsgerichts erfolgen.

(8) Die Wahl erfolgt in jedem Falle auf drei Jahre (§ 3 Abs. 3 SchO.); das gilt auch dann, wenn der Gewählte an die Stelle eines aus dem Amte vorzeitig ausgeschiedenen Schiedsmanns oder Stellvertreters tritt.

III. Protokollbuch, Terminkalender, Kassenbuch, Amtssiegel.

(1) Der Schiedsmann hat außer dem Protokollbuch (§ 28 SchO.) einen Terminkalender und ein Kassenbuch zu führen. Die Muster für den Terminkalender und das Kassenbuch werden durch die Geschäftsanweisung bestimmt.

(2) Das Amtssiegel des Schiedsmanns (§ 30 SchO.) enthält das Preußische Landeswappen (vgl. GS. 1921 S. 444) mit der Umschrift „Amt des Schiedsmanns".

(3) Die Beschaffung der Bücher und der Amtssiegel ist Sache der Gemeinden, welche die sächlichen Kosten des Schiedsmannsamts zu tragen haben (§ 48 SchO.), in gemeinschaftlichen Schiedsmannsbezirken, vorbehaltlich der Verrechnung der Kosten mit den anderen beteiligten Gemeinden, der Gemeinde, in der der Schiedsmann seinen Wohnsitz hat. Um die vorschriftsmäßige Gestalt der Bücher und Siegel zu sichern, erscheint es wünschenswert, daß sich die Kommunalaufsichtsbehörde namens der zu ihrem Bezirke gehörigen Gemeinden (auf deren Kosten) der Neubeschaffung der Bücher und Siegel unterzieht, wo sie erforderlich wird. Die Bücher sollen dauerhaft gebunden und aus dauernd haltbarem Schreibpapier gefertigt sein. Die einzelnen Blätter sind fortlaufend mit Seitenzahlen zu versehen.

(4) Die Aushändigung der Bücher und Siegel an den Schiedsmann bewirkt in Stadtgemeinden der Magistrat (Bürgermeister), für die Landgemeinden der Landrat (Oberamtmann). Vor der Aushändigung sind die Protokollbücher, Kassenbücher und Terminkalender auf der ersten Seite mit folgendem Vermerk zu versehen:

„Protokollbuch (Kassenbuch, Terminkalender) des Schiedsmanns, bestehend aus ..... Seiten.

Dem Schiedsmann .... zu .... zum amtlichen Gebrauch übergeben.

(Ort und Datum.)

(Siegel und Unterschrift des Bürgermeisters oder des Landrats — Oberamtmanns —.)"

(5) Bei im Gebrauche befindlichen Büchern ist hinter der letzten Eintragung der zweite Satz des Vermerkes zu wiederholen, wenn das Buch auf einen neuen Schiedsmann übergeht.

(6) Soweit die im Gebrauche befindlichen Terminkalender den Vermerk nicht tragen, ist ein entsprechender Vermerk nachträglich einzutragen.

(7) Vollgeschriebene Terminkalender und Kassenbücher sind — ebenso wie vollgeschriebene Protokollbücher (§ 28 Abs. 2 SchO.) — alsbald an das Amtsgericht abzugeben, in dessen Bezirk der Schiedsmann wohnt.

(8) Von den dem Amtsgericht übergebenen Büchern sind zur Vernichtung geeignet:

das Protokollbuch nach 30 Jahren,
das Kassenbuch nach 10 Jahren,
der Terminkalender nach 5 Jahren.

(9) Die Frist beginnt mit dem Tage der letzten Eintragung.

IV. Dienstaufsicht.

(1) Über die Schiedsmänner, die in den zu dem Bezirk der Landgerichte in Rudolstadt und Meiningen gehörigen preußischen Gebietsteilen ihren Wohnsitz haben, führen in zweiter Instanz die Präsidenten dieser Landgerichte, in dritter Instanz der Oberlandesgerichtspräsident in Jena die Dienstaufsicht; über die Schiedsmänner, die ihren Wohnsitz in den Hohenzollernschen Landen haben, führt in dritter Instanz der Oberlandesgerichtspräsident in Frankfurt a. M. die Dienstaufsicht.

(2) Der aufsichtführende Richter (§ 7 Abs. 1 Nr. 4 SchO.) hat das Protokollbuch, den Terminkalender und das Kassenbuch des Schiedsmanns jährlich mindestens einmal einer Prüfung zu unterziehen. Bei Schiedsmannsbezirken, in denen nach dem Durchschnitte der letzten drei Jahre der Schiedsmann nicht mehr als 20 Sachen im Jahre zu bearbeiten gehabt hat, kann mit Genehmigung der höheren Aufsichtsbehörde die Frist für die regelmäßige Prüfung auf höchstens drei Jahre verlängert werden.

(3) Unabhängig von der regelmäßigen Prüfung (Abs. 1) kann die Aufsichtsbehörde (§ 7 SchO.), wenn sich nach ihrem Ermessen eine besondere Veranlassung dazu ergibt, die Amtsverwaltung eines Schiedsmanns oder auch nur die Kassenverwaltung in Person oder durch einen Beauftragten einer Prüfung unterziehen. Mit der Kassenprüfung können auch Büro- oder Kassenbeamte beauftragt werden. Die Prüfungen sind, soweit Reisen dafür erforderlich werden, möglichst mit anderen Dienstreisen zu verbinden.

(4) Über das Ergebnis der Prüfung ist eine Verhandlung aufzunehmen. Der Mitunterschrift des Schiedsmanns unter der Verhandlung bedarf es nicht. Eine Abschrift der Verhandlung ist unter Beifügung der etwa erforderlichen Bemerkungen dem Schiedsmann zur Kenntnisnahme mitzuteilen.

(5) Zur Prüfung eingeforderte Bücher sind dem Schiedsmann mit tunlichster Beschleunigung zurückzugeben.

(6) Reisekosten, die bei der Prüfung der Amtsverwaltung oder der Kassenverwaltung des Schiedsmanns für Beamte der Justizverwaltung entstehen, sind aus den Mitteln der Justizverwaltung zu bestreiten.

(7) Von den Gemeindebehörden wird erwartet, daß sie Wahr-

nehmungen, die bei Gelegenheit der Abrechnung mit dem Schiedsmann (unten Nr. X) oder aus sonstigem Anlasse gemacht werden und zu einem Einschreiten der Aufsichtsbehörde führen können, dieser unverzüglich mitteilen.

(8) Die Vernehmung eines Schiedsmanns als Zeugen über Umstände, auf die sich seine Pflicht zur Amtsverschwiegenheit bezieht, kann leicht dazu führen, die Vertrauensstellung, die er einnehmen soll, zu beeinträchtigen. Dies wird bei Prüfung der Frage, ob die Genehmigung zu seiner Vernehmung ohne Nachteil für das Wohl des Reichs oder des Landes erteilt werden kann (§ 54 StPO.) zu berücksichtigen sein.

V. Notwendigkeit des Sühneversuchs.

(1) Eines Sühneversuchs wegen der im § 380 StPO. bezeichneten Strafsachen bedarf es bis auf weiteres nicht, wenn der Beschuldigte nicht in Preußen wohnt.

(2) Der Sühneversuch wird als erfolglos auch dann anzusehen sein, wenn der Schiedsmann und sein Vertreter die Ausübung ihres Amtes nach § 16 Nr. 1 SchO. abgelehnt haben, weil sie der Sprache der Parteien nicht mächtig sind, und wenn auch durch die Aufsichtsbehörde nach § 11 Abs. 2 SchO. Abhilfe nicht geschaffen werden kann.

VI. Erscheinungszwang.

(1) Die Festsetzung einer Ordnungsstrafe gegen den Beschuldigten gemäß § 39 Abs. 2, 3 SchO. unterbleibt, wenn das Ausbleiben dem Schiedsmann gegenüber genügend entschuldigt wird. Die Entschuldigung ist glaubhaft zu machen; als Mittel der Glaubhaftmachung ist eidesstattliche Versicherung zulässig; der Eid ist als Mittel der Glaubhaftmachung ausgeschlossen. Erfolgt nachträglich genügende Entschuldigung, so ist die gegen den Beschuldigten getroffene Anordnung wieder aufzuheben.

(2) Bei der Festsetzung der Ordnungsstrafen ist auf die wirtschaftlichen Verhältnisse des zu Bestrafenden Rücksicht zu nehmen.

(3) Über die Festsetzung einer Ordnungsstrafe (§§ 22, 39 SchO.) ist in der letzten Spalte des Terminkalenders ein Vermerk zu machen und vom Schiedsmann mit Datum und Unterschrift zu versehen. Die Verfügung, durch die eine Ordnungsstrafe festgesetzt wird, ist in Urschrift der Gemeinde, in der der Schiedsmann seinen Wohnsitz hat, zur weiteren Veranlassung zu übersenden.

(4) Die Gemeinde kann Ordnungsstrafen ebenso beitreiben wie die Gemeindeabgaben.

VII. Gebühren.

(1) Bei der Erhöhung der Verhandlungsgebühr auf Grund des § 43 Abs. 1 S. 2 SchO. ist auf die wirtschaftlichen Verhältnisse des Gebührenpflichtigen Rücksicht zu nehmen.

(2) Von der im § 43 Abs. 3 SchO. gegebenen Befugnis, die Gebühren von vornherein oder nachträglich zu ermäßigen oder von der Festsetzung einer Gebühr ganz abzusehen, soll der Schiedsmann in der Regel nur Gebrauch machen, wenn glaubhaft gemacht wird, daß der Gebührenpflichtige ohne Beeinträchtigung des für ihn und seine Familie notwendigen Unterhalts die im § 43 Abs. 1 S. 1, § 43 Abs. 2 SchO. bestimmten Gebühren zu zahlen außerstande ist. Zur Glaubhaftmachung wird in der Regel ein Armutszeugnis (§ 118 Abs. 2 ZPO.) genügen.

(3) Der Schiedsmann hat die Gebühren im Protokollbuch im unmittelbaren Anschluß an die über die Verhandlung aufgenommene Niederschrift (§ 28, § 40 Abs. 3 SchO.) und, soweit ein Vermerk über die Verhandlung im Protokollbuche nicht vorgeschrieben ist, in der letzten Spalte des Terminkalenders zu berechnen; die Berechnung ist mit Datum und Unterschrift zu versehen. Unter der Berechnung ist die Nummer des Kassenbuchs anzugeben. Sieht der Schiedsmann gemäß § 43 Abs. 3 SchO. von der Festsetzung einer Gebühr ab, so hat er dies unter der Niederschrift oder, wenn eine solche nicht vorgeschrieben ist, im Terminkalender zu vermerken.

VIII. Kassenführung des Schiedsmanns.

(1) Über die Kassenführung wird das Erforderliche in der Geschäftsanweisung bestimmt.

(2) Der Schiedsmann ist hinsichtlich der mit der Verhängung von Ordnungsstrafen, der Erhebung von Gebühren und der Verwaltung der Einkünfte aus dem Schiedsmannsamt zusammenhängenden Geschäfte als Beamter im Sinne des StGB. (§ 359) anzusehen und daher den Strafvorschriften des 28. Abschnittes des StGB. unterworfen (vgl. Olshausen Anm. 14 zu § 359 StGB.). Die Vorschriften über die Feststellung und den Ersatz von Kassenfehlbeträgen, insbesondere die Verordnung vom 24. Januar 1844 (GS. S. 52), finden auf die Kassenführung des Schiedsmanns Anwendung.

IX. Abrechnung des Schiedsmanns mit den Gemeinden.

(1) Die Gemeinde, in der der Schiedsmann seinen Wohnsitz hat, trifft im Einvernehmen mit dem Schiedsmann Bestimmungen über die von dem Schiedsmann mit der Gemeinde wegen der Einkünfte aus dem Schiedsmannsamt vorzunehmende Abrechnung und über die Zeiträume,

innerhalb deren sie regelmäßig vorzunehmen ist. Kommt eine Einigung über die zu erlassenden Bestimmungen zwischen der Gemeinde und dem Schiedsmann nicht zustande, so trifft auf Antrag eines Beteiligten die Aufsichtsbehörde (§ 7 SchO.) die erforderlichen Bestimmungen. Bei der Abrechnung hat der Schiedsmann das Kassenbuch, das Protokollbuch und den Terminkalender vorzulegen. Einnahmen aus dem Schiedsmannsamt, die — z. B. bei der Beitreibung von Ordnungsstrafen und Gebühren — der Gemeindekasse zugeflossen sind, können bis zur endgültigen Abrechnung in dieser Kasse verbleiben. Der Schiedsmann hat amtliche Gelder, die bei ihm eingehen — abgesehen von Schreibgebühren und baren Auslagen (§§ 44, 45 SchO.) — bis zur Abrechnung mit der Gemeinde abgesondert von sonstigen Geldbeständen, insbesondere von seinem eigenen Gelde, zu verwahren.

(2) Über Streitigkeiten, die zwischen dem Schiedsmann und der Gemeinde bei der Abrechnung entstehen, entscheidet die Aufsichtsbehörde (§ 7 SchO.) auf Antrag eines der Beteiligten.

(3) Bei gemeinschaftlichen Schiedsmannsbezirken hat diejenige Gemeinde, in der der Schiedsmann seinen Wohnsitz hat, mit dem Schiedsmann zugleich für die anderen beteiligten Gemeinden abzurechnen, auch, soweit erforderlich, die zwangsweise Beitreibung der Gebühren und Geldstrafen zu bewirken. Die Einnahmen des Schiedsmannsamts, soweit sie den Gemeinden zufließen, sind in diesem Falle — ebenso wie die sächlichen Kosten des Amtes (§ 48 Abs. 2 SchO.) — auf die beteiligten Gemeinden nach dem Maßstab der Seelenzahl zu verteilen. Die Verteilung bewirkt der Vorstand der Gemeinde, in der der Schiedsmann seinen Wohnsitz hat, alljährlich bis zum 30. April. Über Streitigkeiten, die wegen der Verteilung unter den beteiligten Gemeinden entstehen, entscheidet die Kommunalaufsichtsbehörde.

X. Sächliche Kosten des Schiedsmannsamts.

(1) Die Tragung der sächlichen Kosten des Schiedsmannsamts (§ 48 SchO.) ist eine gesetzliche Verpflichtung der Gemeinde. Erfüllt eine Gemeinde diese Verpflichtung im Einzelfalle nicht, so ist die ihr obliegende Leistung von der Aufsichtsbehörde (§ 7 SchO.) festzustellen und erforderlichenfalls von der Kommunalaufsichtsbehörde mit den gesetzlichen Mitteln zu erzwingen.

(2) Zu den sächlichen Kosten des Schiedsmannsamts gehören die Kosten für die Bereitstellung des Geschäftsraums einschließlich der Ausstattung, Beleuchtung, Heizung und Reinigung, die Kosten für den dienstlichen Schriftverkehr mit Behörden — insbesondere mit den Aufsichtsbehörden und der Gemeinde — und die Kosten für notwendige Dienstreisen des Schiedsmanns, z. B. zur Beeidigung, zur Abholung der amt-

lichen Bücher und Siegel, zur Revision der Geschäftsbücher und zu der jährlichen Besprechung der Schiedsmänner. Vgl. ferner oben Abschnitt III. Nicht zu den sächlichen Kosten gehören die Schreibgebühren und baren Auslagen, die bei den von dem Schiedsmann zu verhandelnden Sachen erwachsen.

(3) Bei gemeinschaftlichen Schiedsmannsbezirken hat die Gemeinde, in der der Schiedsmann seinen Wohnsitz hat, die sächlichen Kosten des Schiedsmannsamts vorbehaltlich des Rückgriffs auf die anderen beteiligten Gemeinden vorzuschießen.

XI. Besprechung mit den Schiedsmännern.

Der aufsichtführende Richter hält alljährlich eine Besprechung mit den Schiedsmännern seines Bezirkes am Amtsgerichtssitz ab. Um den Schiedsmännern die Einarbeitung in die neuen Bestimmungen zu erleichtern, ist es zweckmäßig, die Besprechung für das Jahr 1925 baldmöglichst anzuberaumen.

XII. Jahresübersicht über die Tätigkeit der Schiedsmänner.

(1) Der Schiedsmann hat dem aufsichtführenden Richter des Amtsgerichts, in dessen Bezirk er seinen Wohnsitz hat, bis zum 1. Februar eines jeden Jahres eine Nachweisung über die Geschäfte des Vorjahrs zu übersenden. Die Nachweisung muß folgende Angaben enthalten:

A. Bürgerliche Rechtsstreitigkeiten.

1. Zahl der Anträge in bürgerlichen Rechtsstreitigkeiten.
2. Zahl der Fälle, in denen beide Parteien erschienen sind.
3. Zahl der durch Vergleiche erledigten Fälle.
4. Zahl der Personen, gegen die Ordnungsstrafen auf Grund des § 22 SchO. verhängt worden sind.

B. Strafsachen.

1. Zahl der Sühneverhandlungen in Strafsachen.
2. Zahl der Fälle, in denen beide Parteien zur Zeit des Sühneversuchs in demselben Gemeindebezirk gewohnt haben.
3. Zahl der Fälle, in denen beide Parteien erschienen sind und
   a) beide Parteien zur Zeit des Sühneversuchs in demselben Gemeindebezirk gewohnt haben,
   b) die Parteien in verschiedenen Gemeindebezirken gewohnt haben.
4. Zahl der Fälle, in denen der Sühneversuch Erfolg gehabt hat und
   a) beide Parteien zur Zeit des Sühneversuchs in demselben Gemeindebezirk gewohnt haben,
   b) die Parteien in verschiedenen Gemeindebezirken gewohnt haben.

5. Zahl der Personen, gegen die Ordnungsstrafen verhängt worden sind
   a) nach § 22 (34) SchO.,
   b) nach § 39 SchO.

C. Summen der Gebühren
(ohne Schreibgebühren und bare Auslagen), die

1. den Gemeinden zugeflossen sind,
2. dem Schiedsmann verblieben sind.

(2) Die Ergebnisse sind bei dem Amtsgericht in eine nach anliegendem Muster [1]) anzufertigende Übersicht aufzunehmen und dem Landgerichtspräsidenten einzureichen. Die Nachweisungen der Tätigkeit der einzelnen Schiedsmänner sind nicht miteinzureichen. Der Landgerichtspräsident und der Oberlandesgerichtspräsident lassen für ihre Bezirke die Übersichten in gleicher Weise zusammenstellen. Die den Oberlandesgerichtsbezirk umfassende Gesamtübersicht ist bis zum 1. Mai eines jeden Jahres dem Justizminister einzureichen.

XIII. Sühneversuch bei Privatklagen gegen Studierende.

Im Einverständnis mit dem Minister für Wissenschaft, Kunst und Volksbildung wird bestimmt:

Für Privatklagen gegen Personen, die bei einer preußischen Universität oder sonstigen wissenschaftlichen Hochschule immatrikuliert sind, tritt für den nach § 380 StPO. vorzunehmenden Sühneversuch an die Stelle der für den Ort der Hochschule zuständigen Schiedsmänner als Vergleichsbehörde bei den Universitäten der Universitätsrat oder dessen Vertreter, bei den technischen Hochschulen der Syndikus oder dessen Vertreter, im übrigen der Rektor oder das von ihm benannte Organ.

XIV. Bisherige Vorschriften.

Die unter der Überschrift angegebenen Verfügungen [2]) werden aufgehoben.

---

[1]) Das Muster ist, weil ohne Interesse für die Schiedsmänner, nicht mit abgedruckt.

[2]) Das umfangreiche Verzeichnis ist, weil ohne Interesse für die Schiedsmänner, nicht mit abgedruckt.

C. Geschäftsanweisung für die Schiedsmänner vom 13. Januar 1925.

I. Abschnitt.

Dienstliche Verhältnisse der Schiedsmänner.

§ 1.

Amt des Schiedsmannes.

(1) Die Schiedsmänner haben nach § 6 SchO. bei Ausübung ihres Amts die Rechte der Beamten. Sie sind auch im Sinne anderer gesetzlicher Vorschriften z. B. der §§ 114, 133, 196 und des 28. Abschnitts des Strafgesetzbuchs (Verbrechen und Vergehen im Amt) als Beamte anzusehen.

(2) Disziplinar- oder Zwangsstrafen sind gegen einen Schiedsmann nicht zulässig. Jedoch hat die Aufsichtsbehörde nach § 7 Abs. 2 SchO. das Recht, die ordnungswidrige Ausführung eines Schiedsmannsgeschäfts zu rügen. Ein Schiedsmann, der seine Pflichten erheblich verletzt, kann nach § 9 SchO. vom Amt enthoben werden.

§ 2.

Verpflichtung zur Amtsverschwiegenheit.

(1) Der Schiedsmann hat über seine amtlichen Verhandlungen und die bei Gelegenheit der Ausübung seines Amts zu seiner Kenntnis gelangenden Verhältnisse der Parteien unverbrüchliches Stillschweigen zu beobachten.

(2) Zur Ablegung eines Zeugnisses über Tatsachen, auf die sich seine Verpflichtung zur Amtsverschwiegenheit bezieht, darf der Schiedsmann nur angehalten werden, wenn die Aufsichtsbehörde (d. h. zunächst der aufsichtführende Amtsrichter) die Vernehmung genehmigt hat; im Zivilprozeß muß ihn außerdem diejenige Person, die ihm die Tatsachen anvertraut hat, von der Verpflichtung zur Verschwiegenheit entbunden haben, ehe er darüber etwas aussagen darf.

§ 3.

Dienstliche Stellung der Schiedsmänner.

(1) Die Schiedsmänner unterstehen in ihrer Geschäftsführung zunächst der Aufsicht des aufsichtführenden Amtsrichters desjenigen Amtsgerichts, in dessen Bezirk sie ihren Wohnsitz haben. An ihn werden sie sich in allen dienstlichen Angelegenheiten zu wenden haben. Er wird ihnen nötigenfalls auch Rat erteilen, wenn sie über Angelegenheiten ihres Dienstes im Zweifel sind.

(2) Gesuche und Anträge an die höheren Aufsichtsbehörden haben die Schiedsmänner durch Vermittlung des aufsichtführenden Amtsrichters einzureichen.

(3) Die Aufsichtsbehörde (§ 7 SchO.) kann einem Schiedsmann aus erheblichen Gründen Urlaub erteilen. Der Urlaub wird nur erteilt, wenn für die Vertretung gesorgt ist. Das Urlaubsgesuch ist so zeitig einzureichen, daß die Vertretung vor Antritt des Urlaubs sichergestellt werden kann. Zum Verlassen seines Wohnorts bis zu einer Woche bedarf der Schiedsmann eines Urlaubs nicht.

(4) Ist der Schiedsmann aus anderen Gründen — z. B. durch Krankheit — voraussichtlich für mehr als eine Woche an der Ausübung seines Amts verhindert, so ist die Aufsichtsbehörde zu benachrichtigen.

(5) Die amtlichen Bücher und das Amtssiegel sind in Vertretungsfällen dem Vertreter zu übergeben, das Amtssiegel jedoch nur dann, wenn der Vertretende nicht selbst ein Amtssiegel als Schiedsmann führt.

(6) Die Niederlegung des Schiedsmannsamts (§ 8 SchO.) ist der Aufsichsbehörde gegenüber zu erklären. Diese gibt den Antrag an das Präsidium des Landgerichts weiter. Bis zur Entscheidung über den Antrag hat der Schiedsmann sein Amt weiterzuführen.

II. Abschnitt.

Die Sühneverhandlung.

§ 4.

Stellung des Schiedsmanns gegenüber den Parteien.

Der Schiedsmann ist ein Organ der Rechtspflege; er hat daher im Rahmen seiner Aufgabe dem Recht zu dienen. Zur Erfüllung dieser Aufgabe bedarf er des öffentlichen Vertrauens. Er muß sich deshalb stets bemühen, streng unparteilich zu sein und jeden Schein der Bevorzugung einer Partei zu vermeiden. Seine Vorschläge müssen sachlich sein. Lebendige Anteilnahme an den vor ihm verhandelten Angelegenheiten ist Voraussetzung einer ersprießlichen Sühnetätigkeit. Durch Ruhe und freundliches Eingehen auf den Vortrag der Beteiligten werden die Aussichten einer gütlichen Einigung erhöht.

§ 5.

Führung der amtlichen Bücher und Amtssiegel.

(1) Der Schiedsmann hat seine amtlichen Bücher mit Sorgfalt zu führen und stets sicher aufzubewahren. Blätter dürfen aus den Büchern nicht entfernt werden. Eintragungen, die nicht gelten sollen, sind so zu durchstreichen, daß das Durchstrichene noch lesbar bleibt. Rasuren sind im Protokollbuch und im Kassenbuch zu vermeiden.

(2) Das Amtssiegel ist besonders sorgfältig aufzubewahren, damit nicht Unberufene es benutzen können. Der Schiedsmann darf es nur zu amtlichen Angelegenheiten gebrauchen. Amtssiegel mit den früheren Hoheitszeichen dürfen nicht mehr verwendet werden.

(3) Endet das Amt des Schiedsmanns, so hat er das Amtssiegel und die amtlichen Bücher und Schriftstücke derjenigen Behörde zu übergeben, von der er die Bücher und das Siegel empfangen hat. Ein vollgeschriebenes Buch hat er unverzüglich an das Amtsgericht abzugeben. Er erhält darüber eine mit dem Dienstsiegel des Amtsgerichts versehene Quittung. Gegen Abgabe dieser Quittung hat er dafür bei der Behörde, von der er das abgegebene Buch erhalten hatte, ein neues in Empfang zu nehmen.

(4) Die Ablieferung des vollgeschriebenen und die Empfangnahme des neuen Buchs muß möglichst in unmittelbarem zeitlichem Zusammenhang erfolgen, weil der Schiedsmann an der Ausübung seines Amts gehindert ist, solange er nicht im Besitz der amtlichen Bücher, insbesondere des Protokollbuchs, ist. Zweckmäßig wird der Schiedsmann von der bevorstehenden Abgabe eines amtlichen Buchs die Behörde, von der er das neue zu erhalten hat, schon einige Zeit vorher benachrichtigen.

§ 6.

Protokollbuch.

In das Protokollbuch werden die von dem Schiedsmann aufgenommenen Verhandlungen nach ihrer Zeitfolge unter fortlaufender Nummer eingetragen; das gilt auch von solchen Verhandlungen, die der Schiedsmann als Vertreter eines anderen Schiedsmanns aufnimmt; nur wenn der Stellvertreter kein eigenes Protokollbuch führt, benutzt er dasjenige des Schiedsmanns, den er vertritt. In das Protokollbuch sind aufzunehmen die geschlossenen Vergleiche (§§ 25 bis 28, 34 SchO.) und die Vermerke über erfolglos gebliebene Sühneversuche in Strafsachen (§ 40 SchO.) sowie die Gebührenberechnungen (Nr. VII Abs. 3 AusfV.) und die Ausfertigungsvermerke (§ 31 Abs. 1 S. 2, § 32 Abs. 3 SchO.) in diesen Sachen. Zu anderen Eintragungen darf das Protokollbuch nicht benutzt werden; insbesondere gehören die Vermerke über erfolglose Sühneversuche in bürgerlichen Rechtsstreitigkeiten (§ 25 Abs. 4 SchO.) nicht in das Protokollbuch.

§ 7.

Terminkalender.

(1) Der Schiedsmann hat über die von ihm anberaumten Termine einen Terminkalender nach dem anliegenden Muster zu führen. Muster I

(2) In den Spalten 2 bis 3 ist bei Strafsachen neben dem Namen der Parteien stets auch ihr Wohnort anzugeben. In Spalte 5 sind die in

§ 25 Abs. 4 SchO. vorgeschriebenen Vermerke einzutragen. In Spalte 6 ist anzugeben, ob beide Parteien erschienen sind. In der letzten Spalte sind die in Abschnitt VI Abs. 3 AusfV. vorgeschriebenen Vermerke über die Verhängung von Ordnungsstrafen und die im Abschnitt VII Abs. 3 AusfV. vorgeschriebenen Gebührenberechnungen bei erfolglos gebliebenen Sühneverhandlungen in bürgerlichen Rechtsstreitigkeiten aufzunehmen; Rasuren an diesen Vermerken sind unzulässig.

§ 8.

Aufgabe des Schiedsmanns.

Aufgabe des Schiedsmanns ist die gütliche Schlichtung streitiger Rechtsangelegenheiten. Zu einer Entscheidung irgendwelcher Art ist der Schiedsmann nicht berufen. Der Schiedsmann ist kein Schiedsrichter. Zwang darf er — abgesehen von den unten zu behandelnden Ordnungsstrafen — auf die Parteien nicht ausüben.

§ 9.

Streitige Rechtsangelegenheiten.

(1) Nur wo zwischen den Parteien Streit besteht, ist Raum für die Entfaltung der Tätigkeit des Schiedsmanns; wo kein Streit besteht, darf der Schiedsmann nicht tätig werden.

(2) Streitige Rechtsangelegenheiten sind solche Streitigkeiten zwischen privaten Parteien, die, falls eine gütliche Einigung nicht zustande kommt, im Zivilprozeß oder — in den Fällen des § 33 SchO. — auf Privatklage durch richterlichen Ausspruch entschieden werden müssen.

(3) Mit der Aufnahme von Akten der freiwilligen Gerichtsbarkeit darf sich der Schiedsmann nicht befassen; er darf deshalb insbesondere Schuldverschreibungen aller Art, Anerkenntnisse, Bürgschaften, Hypotheken- und Grundschuldbestellungen, Abtretungserklärungen, Vollmachten, Quittungen, Kauf-, Tausch-, Pacht- und Mietverträge nicht aufnehmen. Solche Erklärungen und Verträge können indes auch als Teile eines von dem Schiedsmann aufzunehmenden Vergleichs vorkommen. In diesem Fall ist der Schiedsmann zu ihrer Aufnahme im Rahmen der Vergleichs befugt; er muß sich aber auch in diesem Fall der Aufnahme solcher Rechtsgeschäfte enthalten, zu deren Gültigkeit nach den Vorschriften des bürgerlichen Rechts die gerichtliche oder notarielle Form vorgeschrieben ist. Dahin gehört z. B. ein Vertrag, durch den sich ein Teil verpflichtet, das Eigentum an einem Grundstück oder ein Erbbaurecht zu übertragen.

(4) Zu dem Kreise der Geschäfte, die der Schiedsmann nach Abs. 3 nicht vornehmen darf, gehört auch die Beglaubigung von Unterschriften und die Ausstellung von Bescheinigungen. Eine Ausnahme gilt jedoch für diejenigen Fälle, in denen durch besondere Bestimmungen die zur Führung eines öffentlichen Siegels berechtigten Personen für befugt

erklärt werden, gewisse Bescheinigungen auszustellen oder Beglaubigungen vorzunehmen. Die von dem Schiedsmann auf Grund einer solchen Bestimmung ausgestellten Bescheinigungen haben den Charakter öffentlicher Urkunden. Aus den Urkunden muß sich ergeben, daß sie dem in der Vorschrift bezeichneten Zweck dienen sollen. Sie sind daher in die amtlichen Bücher nicht einzutragen und in die Statistik nicht aufzunehmen; auch dürfen Gebühren dafür nicht in Rechnung gestellt werden. Zu den erwähnten Bestimmungen gehören:

1. Die §§ 727, 988, 1160 und 1384 der Reichsversicherungsordnung in der Fassung v. 15. 12. 1924 (RGBl. I S. 779) und § 314 des Angestellten-Versicherungsgesetzes v. 28. 5. 1924 (RGBl. I S. 563), die sich auf die Bescheinigung und Beglaubigung der dort bezeichneten Zahlungen beziehen;
2. §§ 38, 42 der Postordnung v. 22. 12. 1921 (RGBl. S. 1609);
3. § 9 des Ges. betr. die Feuerbestattung v. 14. 9. 1911 (GS. S. 193);
4. § 101 Ziff. 8d und § 106 Ziff. 9b der Rechnungsordnung für die preuß. Justizbehörden v. 16. 5. 1914;
5. § 9 Ziff. 6 der Zivilpensionsrechnungsordnung v. 12. 7. 1910;
6. § 11 Abs. 4 der Statuten des preuß. Beamtenvereins.

§ 10.

Vermögensrechtliche Ansprüche.

(1) Die Tätigkeit der Schiedsmänner in bürgerlichen Rechtsstreitigkeiten ist auf vermögensrechtliche Ansprüche beschränkt (§ 12 Abs. 1 SchO.).

(2) Als vermögensrechtlich sind diejenigen Streitigkeiten anzusehn, bei denen der den Streitgegenstand bildende Anspruch auf Geld geht oder in Geld schätzbar ist.

(3) Ausgeschlossen von der Tätigkeit des Schiedsmanns sind danach diejenigen Streitigkeiten des bürgerlichen Rechts, die den Familienstand oder die Personenrechte betreffen, insbesondere Ehescheidungs-, Ehenichtigkeits- und Eheanfechtungssachen, Klagen auf Herstellung des ehelichen Lebens, Streitigkeiten, welche die Feststellung des Rechtsverhältnisses zwischen Eltern und Kindern betreffen, Namensstreitigkeiten und Entmündigungssachen. Dagegen sind Ansprüche auf Unterhalt zwischen Verwandten oder Ehegatten vermögensrechtlicher Natur.

(4) Auch vermögensrechtliche Streitigkeiten sind der Tätigkeit des Schiedsmanns entzogen, wenn sie im Falle des Mißlingens einer gütlichen Einigung zur Zuständigkeit der Auseinandersetzungsbehörden gehören würden. Das gilt im allgemeinen für Streitigkeiten bei der Regelung der gutsherrlich-bäuerlichen Verhältnisse, bei der Ablösung von Grundgerechtigkeiten und Reallasten, bei Gemeinheitsteilungen und Zusammenlegungen (Verkoppelungen).

(5) Im übrigen ist es ohne Belang, ob die Streitsache vor die ordentlichen Gerichte oder vor ein Sondergericht gehören würde; der Schiedsmann kann deshalb auch bei solchen bürgerlichen Rechtsstreitigkeiten tätig werden, zu deren Entscheidung die Gewerbe- oder Kaufmannsgerichte zuständig sein würden.

§ 11.

Örtliche Zuständigkeit. Ordnungsstrafen.

(1) Der Schiedsmann ist örtlich zuständig:
a) wenn in seinem Bezirk beide Parteien oder wenigstens der Gegner des Antragstellers den Wohnsitz haben;
b) wenn beide Parteien gemeinsam um seine Vermittlung nachsuchen;
c) wenn der Gegner des Antragstellers sich mit der Verhandlung vor dem Schiedsmann ausdrücklich oder stillschweigend einverstanden erklärt (z. B. auf Ladung erscheint und vorbehaltlos auf die Verhandlung eingeht).

(2) Der Schiedsmann kann in den Fällen des Abs. 1 a, b verlangen, daß diejenige Partei, die seiner Vorladung nicht Folge leisten will oder kann, ihm davon spätestens am Tage vor dem Termin Anzeige macht. Das gleiche gilt in dem Falle des Abs. 1 a—c, wenn die Partei in einem späteren Termin, auf den die Verhandlung vertagt ist, nicht erscheinen will oder kann. Unterläßt sie die Anzeige, so ist der Schiedsmann befugt, gegen den Ausgebliebenen (Antragsteller oder Antraggegner) eine Ordnungsstrafe von einer bis zu dreißig Reichsmark festzusetzen. Voraussetzung ist aber, daß der Ausbleibende bei der Ladung auf diese Folge des Ausbleibens aufmerksam gemacht worden ist und daß der Schiedsmann den Nachweis dafür in der Hand hat, daß der Ausgebliebene die Ladung rechtzeitig erhalten hat. Ladungen erfolgen daher zweckmäßig durch eingeschriebenen Brief gegen Rückschein.

(3) Wegen der Bemessung der Strafe und der Art ihrer Festsetzung und Beitreibung ist in Nr. VI AusfB. das Erforderliche bestimmt.

(4) In Strafsachen gelten für den Beschuldigten weitergehende Vorschriften (unter § 36).

§ 12.

Geschäftsfähigkeit.

(1) Für Minderjährige (das sind Personen unter 21 Jahren, sofern sie nicht durch das Vormundschaftsgericht für volljährig erklärt worden sind), wegen Geisteskrankheit, Geistesschwäche, Verschwendung oder Trunksucht entmündigte Personen sowie Personen, die unter vorläufiger Vormundschaft stehen (§§ 1906, 1908 BGB), kann vor dem Schiedsmann einen Vergleich nur der gesetzliche Vertreter abschließen. Mit Personen, die sich in einem die freie Willensbestimmung ausschließenden Zustand

krankhafter Störung der Geistestätigkeit befinden, darf der Schiedsmann nicht verhandeln.

(2) Gesetzlicher Vertreter ist:

1. bei minderjährigen Personen der Inhaber der elterlichen Ge- Gewalt; das ist grundsätzlich der Vater und u. U. — insbesondere wenn er tot ist — die Mutter (§§ 1626, 1627, 1684, 1685 BGB.). Das Gesetz läßt die Möglichkeit offen, daß in bestimmten Fällen dem Vater oder der Mutter die elterliche Gewalt ganz oder teilweise entzogen wird, daß sie verwirkt wird oder daß sie ruht (§§ 1666, 1676 bis 1678, 1680, 1684 BGB). Der Mutter kann gemäß §§ 1687 ff. BGB. ein Beistand bestellt werden;

2. bei Minderjährigen, die nicht unter elterlicher Gewalt stehen, und bei Volljährigen der Vormund oder Pfleger. Neben dem Vormund oder Pfleger kann ein Gegenvormund bestellt werden.

Bei Rechtsgeschäften zwischen dem gesetzlichen Vertreter, seiner Ehefrau oder seinen Verwandten in gerader Linie und dem Kinde oder Mündel kann der gesetzliche Vertreter nicht für den letzteren handeln; in solchen Fällen ist diesem ein Pfleger zu bestellen. Bestehen Zweifel, ob die Person, welche als gesetzlicher Vertreter auftritt, die Befugnis hierzu überhaupt oder für den besonderen Fall besitzt, so ist die Aufnahme eines Vergleichs abzulehnen, sofern der Zweifel nicht durch Nachfrage bei dem Amtsgericht beseitigt wird.

(3) Der gesetzliche Vertreter bedarf in gewissen Fällen zur Vornahme von Rechtshandlungen für die von ihm vertretene Person der Genehmigung des Vormundschaftsgerichts. Ist der gesetzliche Vertreter der Inhaber der elterlichen Gewalt, so bedarf er der Genehmigung des Vormundschaftsgerichts nach § 1643 BGB. nur in den im § 1643 Abs. 2, im § 1821 Abs. 1 Nr. 1 bis 3, Abs. 2 und im § 1822 Nr. 1, 3, 5, 8—11 BGB. bezeichneten Fällen (z. B. zu Geschäften über Grundstücke und zur Übernahme einer fremden Verbindlichkeit, insbesondere einer Bürgschaft). Ist der gesetzliche Vertreter ein Vormund oder ein Pfleger, so bedarf er der Genehmigung des Vormundschaftsgerichts in weiterem Umfang, nämlich in den Fällen der §§ 1819 bis 1822 BGB. (hierunter fällt — was für den Schiedsmann besonders wichtig ist — außer den eben genannten Geschäften auch der Abschluß eines Vergleichs, falls der Gegenstand, auf den sich der Vergleich bezieht, den Wert von 300 Reichsmark übersteigt).

(4) Nach § 1812 BGB. bedarf der Vormund, falls nicht die Ausnahmen des § 1813 BGB. zutreffen, der Genehmigung des Gegenvormunds, wenn er über eine Forderung oder über ein anderes Recht, kraft dessen der Mündel eine Leistung verlangen kann, oder wenn er

über ein Wertpapier verfügen will; das gleiche gilt, wenn er eine Verpflichtung zu einer solchen Verfügung eingehen will; ist ein Gegenvormund nicht vorhanden oder fallen die Geschäfte unter die §§ 1819 bis 1822 BGB., so bedarf der Vormund auch zu diesen Geschäften der Genehmigung des Vormundschaftsgerichts.

(5) Die etwa erforderliche Genehmigung des Vormundschaftsgerichts muß vor Aufnahme des Vergleichs dem Schiedsmann vorliegen; sonst darf er den Vergleich nicht aufnehmen. In der Niederschrift über den Vergleich ist sie zu erwähnen und nach Gericht, Datum und Aktenzeichen genau zu bezeichnen. Die Genehmigung eines Gegenvormunds muß im Termin selbst bei Niederschrift des Vergleichs erklärt und in das Protokoll aufgenommen werden.

(6) Ist ein Minderjähriger oder eine wegen Geistesschwäche, Verschwendung oder Trunksucht entmündigte oder eine unter vorläufiger Vormundschaft stehende Person von dem gesetzlichen Vertreter mit Genehmigung des Vormundschaftsgerichts zum selbständigen Betrieb eines Erwerbsgeschäfts ermächtigt, so ist sie für solche Rechtsgeschäfte unbeschränkt geschäftsfähig, welche der Geschäftsbetrieb mit sich bringt. Ermächtigt der gesetzliche Vertreter eine solche Person, in Dienst oder Arbeit zu treten, so ist sie für solche Rechtsgeschäfte unbeschränkt geschäftsfähig, welche die Eingehung oder Aufhebung eines Dienst- oder Arbeitsverhältnisses der gestatteten Art oder die Erfüllung der aus einem solchen Verhältnis sich ergebenden Pflichten betreffen. Ausgenommen sind in beiden Fällen Rechtsgeschäfte, zu denen der gesetzliche Vertreter nach dem in Abs. 3, 4 Gesagten der Genehmigung des Vormundschaftsgerichts bedarf. Soweit eine solche Person hiernach geschäftsfähig ist, kann sie vor dem Schiedsmann selbständig einen Vergleich abschließen.

(7) Ist zweifelhaft, ob der gesetzliche Vertreter der Genehmigung des Vormundschaftsgerichts bedarf, oder ob er allein zu handeln berechtigt ist, so wird der Schiedsmann gut tun, die Verhandlung abzulehnen (§ 16 Nr. 4 SchO.).

(8) In Strafsachen gelten teilweise andere Vorschriften (unten §§ 31, 32).

§ 13.

Vertretung juristischer Personen.

(1) Für juristische Personen (rechtsfähige Vereine, Stiftungen, Handelsgesellschaften mit selbständiger Rechtspersönlichkeit — z. B. Aktiengesellschaften, Gesellschaften mit beschränkter Haftung, Erwerbs- und Wirtschaftsgenossenschaften —, Gemeinden, Kreise, Kirchengemeinden und andere Körperschaften des öffentlichen Rechts) handeln die satzungsgemäß bestimmten Organe; bei Körperschaften des Privatrechts ist das

in der Regel der Vorstand, bei den Gemeinden ist es je nach der für sie geltenden Verfassung entweder der Bürgermeister oder der Magistrat.

(2) Ein nicht rechtsfähiger Verein kann vor dem Schiedsmann als Antragsteller nicht auftreten; er kann aber Antragsgegner sein und wird dann durch seinen Vorstand vertreten.

§ 14.

Ordnungsstrafen gegen den gesetzlichen Vertreter.

Tritt für eine Partei der gesetzliche Vertreter oder bei einer juristischen Person das gesetzlich bestimmte Organ auf, so haben der gesetzliche Vertreter oder das Organ dieselbe Stellung wie die Partei. Eine etwaige Ordnungsstrafe ist beim Ausbleiben des gesetzlichen Vertreters oder des Willensorgans gegen diese, nicht gegen die Partei festzusetzen.

§ 15.

Ehefrau.

(1) Eine Ehefrau kann vor dem Schiedsmann einen wirksamen Vergleich auch ohne ihren Ehemann abschließen. Ein solcher Vergleich ist aber nur ausnahmsweise dann in ihr gesamtes Vermögen vollstreckbar, wenn sie mit ihrem Ehemann im Güterstand der Gütertrennung lebt, sonst nur in ihr Vorbehaltsgut. Das gleiche gilt, wenn die Ehefrau mit Zustimmung ihres Ehemanns selbständig ein Erwerbsgeschäft betreibt, falls der Anspruch, um den es sich bei dem Vergleich handelt, aus dem Betrieb des Erwerbsgeschäfts herrührt.

(2) Lebt die Ehefrau, was in der Mehrzahl der Fälle zutreffen wird, im Güterstand des gesetzlichen Güterrechts oder in Errungenschafts- oder Fahrnisgemeinschaft, so ist der Vergleich, den die Ehefrau schließt, in ihr eingebrachtes Gut nur dann vollstreckbar, wenn der Ehemann sich der Zwangsvollstreckung in das eingebrachte Gut unterwirft.

(3) Lebt die Ehefrau in allgemeiner Gütergemeinschaft, Errungenschaftsgemeinschaft oder Fahrnisgemeinschaft, so ist die Zwangsvollstreckung in das gemeinschaftliche Gut (sogenannte Gesamtgut) der Eheleute nur zulässig, wenn der Ehemann den Vergleich selbst mit abschließt und sich darin mit verpflichtet.

(4) Der Schiedsmann hat die Parteien nötigenfalls auf diese Vorschriften aufmerksam zu machen und die Zuziehung des Ehemanns zu der Vergleichsverhandlung anzuregen.

§ 16.

Konkurs.

Eine im Konkurs befindliche Person kann selbständig einen Vergleich abschließen; jedoch ist ein solcher Vergleich in die Konkursmasse nicht vollstreckbar. Liegt es in der Absicht der Parteien, die Vollstreckung auch in die Konkursmasse zu ermöglichen, so muß der Schiedsmann ihnen anheimgeben, den Konkursverwalter zur Mitwirkung beim Vergleichsabschluß zu veranlassen.

§ 17.

Vertretung durch Bevollmächtigte.

(1) Wer vor dem Schiedsmann einen Vergleich abschließen will, muß sich bei ihm in Person einfinden; gesetzliche Vertreter und Willensorgane juristischer Personen stehen der Partei gleich.

(2) Mit Bevollmächtigten darf der Schiedsmann vorbehaltlich der Fälle des Abs. 3 nicht verhandeln. Auch der Ehemann darf nicht für seine Ehefrau vor dem Schiedsmann einen Vergleich schließen.

(3) Juristische Personen können sich vor dem Schiedsmann außer durch die im § 11 und im § 12 Abs. 1 genannten Willensorgane auch durch Bevollmächtigte aus ihrer Mitte vertreten lassen. Der Bevollmächtigte hat eine schriftliche Vollmacht in Urschrift vorzulegen, die von dem Willensorgan der juristischen Person ausgestellt sein muß; eine Abschrift genügt nicht. In Strafsachen ist die Vertretung durch Bevollmächtigte noch in einem weiteren Fall zugelassen (unten § 33).

§ 18.

Legitimation der Parteien.

(1) Der Schiedsmann muß sich, ehe er einen Vergleich zu Protokoll nimmt, oder in Strafsachen eine Bescheinigung über einen fruchtlos verlaufenen Sühnetermin ausstellt, davon überzeugen, daß die Parteien, mit denen er verhandelt, auch wirklich diejenigen Personen sind, für die sie sich ausgeben. Kennt er sie nicht persönlich, so müssen sie den Nachweis ihrer Person auf andere überzeugende Art führen. Am sichersten geschieht das durch glaubwürdige Zeugen, die dem Schiedsmann persönlich bekannt sind. Auch auf andere Weise, z. B. durch Vorlegung einer Postausweiskarte, eines Passes oder ähnlicher Personalausweise oder sonstiger Legitimationspapiere und Urkunden kann der Nachweis erbracht werden. Bei ungenügendem Nachweis darf der Schiedsmann einen Vergleich in bürgerlichen Rechtsstreitigkeiten in das Protokollbuch nicht eintragen.

(2) Tritt für eine nicht geschäftsfähige Person ein Vormund oder ein Pfleger auf, so muß sich der Schiedsmann die vom Vormundschaftsgericht ausgestellte Bestallung vorlegen lassen. Aus der Bestallung ergibt sich, ob der Vormund allein zu handeln befugt ist, oder ob Gegenvormünder vorhanden sind.

(3) Auch die vor dem Schiedsmann auftretenden Willensorgane juristischer Personen müssen dem Schiedsmann den Nachweis führen, daß

sie zur Vertretung der juristischen Person gesetzlich berufen sind. Ist dem Schiedsmann zweifelhaft, ob die für eine juristische Person vor ihm auftretende Person die Vertretungsmacht hat oder ob sie sie allein auszuüben berechtigt ist, so hat er die Verhandlung abzulehnen. (§ 16 Nr. 4 SchO.)

(4) Für Strafsachen gilt eine einschränkende Vorschrift (unten § 35).

§ 19.

Ausschließung vom Schiedsmannsamt.

(1) Der Schiedsmann muß sich in jedem Fall überzeugen, ob nicht Gründe vorliegen, die ihn nach § 15 SchO. von der Ausübung seines Amts ausschließen. Ist das der Fall, so darf er einen Sühneversuch nicht vornehmen.

(2) Für den ausgeschlossenen Schiedsmann tritt sein regelmäßiger Vertreter ein. Ist auch dieser verhindert oder ist sein Amt erledigt, so ist der Antragsteller an den aufsichtführenden Amtsrichter zu verweisen, damit dieser einen Stellvertreter nach § 11 Abs. 2 SchO. bestellen kann.

§ 20.

Mündliche Verhandlung.

(1) Der Schiedsmann hat mit den Parteien mündlich zu verhandeln.

(2) Mit tauben Personen, welche Geschriebenes lesen können, und mit stummen Personen, welche schreiben können, kann er schriftlich verhandeln. In diesem Falle muß der Schiedsmann der tauben Partei die Vorschläge und Erklärungen des Gegners sowie die Fragen und Mitteilungen, die er selbst an sie richten will, aufschreiben und ihr zum Durchlesen übergeben. Die stumme Partei muß ihre eigenen Erklärungen, Vorschläge und Äußerungen auf die Anträge des Gegners oder auf die Fragen des Schiedsmanns eigenhändig niederschreiben. Das Protokoll muß ergeben, daß diese Vorschrift befolgt worden ist.

(3) Mit blinden oder mit taubstummen Personen soll der Schiedsmann in bürgerlichen Rechtsstreitigkeiten nicht verhandeln.

§ 21.

Verhandlungen mit Sprachfremden.

(1) Sind beide Parteien oder ist eine Partei der deutschen Sprache nicht mächtig, so soll der Schiedsmann mit ihnen nur verhandeln, wenn er ihrer Sprache soweit mächtig ist, daß er sie sprechen und schreiben kann. Ist das nicht der Fall, so soll er die Ausübung seines Amts ablehnen, in diesem Falle findet § 19 Abs. 2 entsprechende Anwendung.

(2) Einen Dolmetscher, auch wenn er ein für allemal gerichtlich vereidigt ist, darf der Schiedsmann nicht zur Verhandlung zuziehn.

§ 22.

Ablehnung in schwierigen Sachen.

Der Schiedsmann soll sich nicht mit der Schlichtung solcher Streitigkeiten befassen, zu deren Beurteilung eine genauere Kenntnis der Gesetze erforderlich ist, oder die aus anderen Gründen zu schwierig oder zu weitläufig sind. Er darf sich nicht verleiten lassen, seine amtliche Wirksamkeit auf solche Rechtsfälle auszudehnen, die seine Sachkenntnis überschreiten, weil damit den Interessen der Parteien zumeist schlecht gedient ist; unbestimmte und mangelhafte Vergleiche, wie sie in solchen Fällen unvermeidbar sein würden, geben leicht zu neuen, verwickelten Streitigkeiten Anlaß.

§ 23.

Beweisaufnahme.

(1) Der Schiedsmann darf zur Aufklärung der Streitsache Zeugen und Sachverständige vernehmen, den Augenschein einnehmen oder Einsicht in Urkunden oder Akten nehmen und sonstige Beweise erheben. Der Zustimmung der Parteien bedarf er dazu nicht.

(2) Zeugen oder Sachverständige darf der Schiedsmann aber nur vernehmen, wenn sie freiwillig vor ihm erscheinen. Beeidigen darf er einen Zeugen oder Sachverständigen nicht; auch darf er nicht einer Partei den Eid abnehmen. In das Protokollbuch sind Angaben über eine stattgehabte Beweisaufnahme nicht aufzunehmen.

§ 24.

Protokoll.

(1) Das Protokoll ist in deutscher Sprache abzufassen, wenn beide Parteien ihrer mächtig sind. Sind beide Parteien nur einer fremden Sprache mächtig, so ist das Protokoll in dieser Sprache abzufassen. Ist nur eine Partei des Deutschen, die andere nur einer Fremdsprache mächtig oder sprechen die Parteien verschiedene Fremdsprachen, so ist das Protokoll vollständig in beiden Sprachen abzufassen; das geschieht zweckmäßig in der Weise, daß das Blatt des Protokollbuchs gebrochen und die Verhandlung in beiden Sprachen nebeneinander niedergeschrieben wird.

(2) Der Schiedsmann braucht das Protokoll nicht notwendig in seiner Wohnung oder in seinem Amtszimmer aufzunehmen. Er ist aber an die Grenzen seines Amtsbezirks gebunden; an einem Ort außerhalb des Amtsbezirks darf er eine Verhandlung nicht aufnehmen. Das Protokoll muß erkennen lassen, daß diese Vorschrift befolgt ist, und muß daher, wenn der Bezirk der Gemeinde in mehrere Schiedsmannsbezirke geteilt ist, außer der Angabe des Orts der Verhandlung auch die Angabe der Straße und Hausnummer enthalten. Wird der Schiedsmann nach

§ 11 SchO. als Stellvertreter eines anderen Schiedsmanns tätig, so erweitert sich sein Bezirk für die Dauer der Vertretung um den Bezirk des Vertretenen.

(3) Das Protokoll muß die vollständigen Namen (Vor- und Familiennamen) der Parteien enthalten. Zweckmäßig ist auch Stand, Wohnsitz und Anschrift anzugeben. Tritt für eine Partei deren gesetzlicher Vertreter auf, so ist als Partei nicht der Vertreter, sondern der Vertretene anzuführen, jedoch mit einem Zusatz, der erkennen läßt, daß für sie ein gesetzlicher Vertreter aufgetreten ist; der Name des gesetzlichen Vertreters ist in derselben Weise anzugeben wie derjenige der Partei. Das gleiche gilt von den Willensorganen juristischer Personen sowie von Bevollmächtigten, soweit die Vertretung durch solche zugelassen ist.

(4) Neben der Angabe über die vor dem Schiedsmann auftretenden Personen (Abs. 3) muß das Protokoll die Angabe enthalten, in welcher Weise sie sich dem Schiedsmann bekannt gemacht haben. Wird der Nachweis durch Zeugen geführt, so haben die Zeugen den Anerkennungsvermerk oder das ganze Protokoll mitzuunterschreiben. Wird der Beweis durch Urkunden geführt, so sind diese ihrer Art und Beschaffenheit nach genau zu bezeichnen.

(5) Das Protokoll muß erkennen lassen, daß unter den Parteien Streit bestanden hat und daß beide Parteien — wenn auch vielleicht nur geringfügig oder nicht in demselben Maße — nachgegeben haben; ein geringfügiges Nachgeben, z. B. die Gewährung einer Stundung oder die Übernahme von Kosten des Sühneverfahrens, genügt. Bequemt sich eine Partei dem Rechtsstandpunkt der anderen völlig an, ohne ihrerseits irgendwelche Zugeständnisse zu machen, so liegt kein Vergleich, sondern vielleicht ein Anerkenntnis oder ein Verzicht vor, zu dessen Beurkundung der Schiedsmann nicht befugt wäre. Das Protokoll muß ferner erkennen lassen, worin der streitige Anspruch besteht, aus welchem Rechtsverhältnis er entstanden ist und welche Einwendungen dagegen vorgebracht worden sind; es genügt die Angabe, daß der Anspruch ganz oder teilweise bestritten wurde.

(6) Schließlich muß das Protokoll klar erkennen lassen, in welcher Weise sich die Parteien geeinigt haben, was die eine Partei der anderen zu leisten oder zu gestatten hat; dabei ist es in der Regel notwendig, auch die Zeit, zu der die Leistung geschehn soll, genau anzugeben.

§ 25.

Genehmigung des Protokolls.

Das Protokoll ist den Parteien wörtlich vorzulesen. Sind sie imstande, es zu lesen, so kann es ihnen statt dessen zur Durchsicht vorgelegt werden. Über die Feststellung der Genehmigung im Protokoll vgl. § 26 SchO.

§ 26.

Unterschrift des Protokolls.

(1) Kann eine Partei, weil sie des Schreibens nicht kundig ist, oder aus einem anderen Grunde das Protokoll nicht unterschreiben, so ist eine dem Schiedsmann als glaubwürdig bekannte Person zur Abfassung des Protokolls als Beistand der an der Unterschrift verhinderten Partei zuzuziehen. Es kann nicht dieselbe Person als Beistand für beide Parteien tätig werden; auch kann der Schiedsmann nicht selbst als Beistand einer Partei mitwirken, ebensowenig die andere Partei oder eine für sie auftretende Person. Können beide Parteien nicht schreiben, so muß für jede ein Beistand zugezogen werden. Das Protokoll ist auch dem Beistand vorzulesen oder zur Durchsicht vorzulegen.

(2) Der Beistand unterschreibt für die an der Unterschrift verhinderte Partei. Wenn irgend möglich, hat diese wenigstens ein Handzeichen (drei Kreuze oder drei Nullen) eigenhändig beizufügen.

§ 27.

Ausfertigung des Protokolls.

(1) Den Parteien ist auf Verlangen jederzeit eine Ausfertigung oder Abschrift des Protokolls zu erteilen. Den gleichen Anspruch hat auch der Rechtsnachfolger einer Partei.

(2) Die Ausfertigung besteht aus einer wörtlichen Abschrift des Protokolls mit allen dazu gesetzten Vermerken; unter die Abschrift ist folgender Ausfertigungsvermerk zu setzen:

„Vorstehende, in dem Protokollbuch unter Nr. . . . eingetragene Verhandlung wird ausgefertigt für . . . . (Bezeichnung der Partei oder des Rechtsnachfolgers).

(Ort und Datum) (Unterschrift des
(Siegel) Schiedsmanns.)

(3) Umfaßt die Ausfertigung mehrere Bogen, so sind sie durch eine Schnur miteinander zu verbinden; beide Enden der Schnur müssen durch das Siegel gehalten werden.

§ 28.

Vollstreckungsklausel.

(1) Die Zulässigkeit der Zwangsvollstreckung aus dem vor einem Schiedsmann geschlossenen Vergleich ist nicht an die Bedingung geknüpft, daß sich der Schuldner in dem Vergleich ausdrücklich der sofortigen Zwangsvollstreckung unterworfen hat (vgl. aber oben § 15 Abs. 2), oder

daß der Vergleich die Zahlung einer bestimmten Geldsumme oder die Leistung einer bestimmten Quantität anderer vertretbarer Sachen oder Wertpapiere zum Gegenstand hat.

(2) Mit der Erteilung der Vollstreckungsklausel hat der Schiedsmann nichts mehr zu tun. Wünscht eine Partei eine vollstreckbare Ausfertigung, so hat der Schiedsmann sie mit der nach § 27 hergestellten Ausfertigung des Protokolls an das Amtsgericht zu verweisen, in dessen Bezirk der Schiedsmann seinen Wohnsitz hat.

III. Abschnitt.

Besondere Vorschriften für die Sühneverhandlung in Strafsachen.

§ 29.

Sachliche Zuständigkeit in Strafsachen.

(1) In Strafsachen darf der Schiedsmann nur bei den in § 380 StPO. und § 33 SchO. genannten, im Wege der Privatklage verfolgbaren Vergehen tätig werden. Im übrigen sind alle Angelegenheiten, bei denen es sich darum handelt, eine durch Gesetz angedrohte Bestrafung herbeizuführen — auch wenn die Handlung nur auf Antrag des Verletzten verfolgt wird — von der Tätigkeit des Schiedsmanns ausgeschlossen. Werden solche Angelegenheiten zur Kenntnis des Schiedsmanns gebracht, so hat er den Antragsteller an die Polizei oder an die Staats- (Amts-) Anwaltschaft zu verweisen.

(2) Wird jedoch mit dem bei dem Schiedsmann angebrachten Antrag nicht die Bestrafung des Täters, sondern der Ersatz des durch die Tat entstandenen Schadens erstrebt, so handelt es sich um eine bürgerliche Rechtsstreitigkeit des Vermögensrechts, bei der der Schiedsmann tätig werden darf. Solche Ansprüche werden auch neben den in § 380 StPO. und § 33 SchO. der Zuständigkeit des Schiedsmanns zugewiesenen Privatklagesachen — z. B. wegen Körperverletzung oder Sachbeschädigung — nicht selten vorkommen. Zu den Ansprüchen dieser Art gehört auch der Anspruch auf Schmerzensgeld (§ 847 BGB.). Das Verfahren richtet sich insoweit nach den Vorschriften des zweiten Abschnitts der SchO.

§ 30.

Die einzelnen Delikte.

(1) Hausfriedensbruch unterliegt dem Sühneversuch auch dann, wenn er von mehreren Personen gemeinsam oder von einer mit Waffen versehenen Person begangen wird.

(2) Beleidigungen gehören nicht zur Zuständigkeit des Schieds-

manns, wenn der Reichspräsident oder ein Mitglied (auch ein früheres Mitglied) der republikanischen Regierung des Reichs oder eines deutschen Landes öffentlich oder in einer Versammlung beschimpft oder verleumdet und dadurch die republikanische Staatsform des Reichs oder eines Landes herabgewürdigt wird, desgl. wenn eine gesetzgebende Versammlung des Reichs oder eines deutschen Landes oder eine andere politische Körperschaft (z. B. der Reichstag, der Reichsrat, der Reichswirtschaftsrat, der Landtag, der Staatsrat, Provinzen, Kreise, Städte, Gemeinden, der Provinziallandtag, der Kreistag, die Stadtverordnetenversammlung oder eine sonstige Gemeindevertretung oder eine diesen gleichstehende Körperschaft) beleidigt ist. Ebenso ist die Beleidigung, die ein Angehöriger der Wehrmacht gegenüber einem Vorgesetzten oder im Dienstrang Höheren, oder die ein militärischer Vorgesetzter gegenüber einem Untergebenen begeht, von der Sühneverhandlung ausgeschlossen. Zulässig, aber nicht notwendig ist der Sühneversuch, wenn eine Behörde, ein Beamter, ein Religionsdiener oder ein Mitglied der bewaffneten Macht, während sie in der Ausübung ihres Berufs begriffen waren, oder in Beziehung auf ihren Beruf beleidigt worden sind; auch bei der Beschimpfung des Andenkens eines Verstorbenen ist der Sühneversuch zulässig.

(3) Bei der vorsätzlichen Körperverletzung sind die mit verschärfter Strafe bedrohten Formen dem Sühneversuch nicht zugänglich; das gilt insbesondere von der Körperverletzung, die mit Hilfe einer Waffe, eines Messers oder eines anderen gefährlichen Werkzeugs oder mittels eines hinterlistigen Überfalls oder von mehreren gemeinschaftlich oder mittels einer das Leben gefährdenden Behandlung begangen wird; das gleiche gilt von der Körperverletzung, die gegen eine noch nicht 18 Jahre alte Person oder gegen eine wegen Gebrechlichkeit oder Krankheit wehrlose Person, die der Fürsorge oder der Obhut des Täters untersteht oder seinem Hausstand angehört oder die der Fürsorgepflichtige der Gewalt des Täters überlassen hat, mittels grausamer oder boshafter Behandlung begangen wird. Ein Sühneversuch ist auch dann nicht zulässig, wenn der Verletzte infolge der Körperverletzung ein wichtiges Glied des Körpers, das Sehvermögen auf einem oder auf beiden Augen, das Gehör, die Sprache oder die Zeugungsfähigkeit verloren hat oder in erheblicher Weise dauernd entstellt worden oder in Siechtum, Lähmung oder Geisteskrankheit verfallen ist, oder wenn die Körperverletzung gar den Tod des Verletzten zur Folge gehabt hat. Ebenso ist bei Körperverletzungen, die durch Beibringung von Gift begangen werden, ein Sühneversuch ausgeschlossen. Ein Sühneversuch ist auch dann nicht zulässig, wenn eine Gewalttätigkeit gegen den Reichspräsidenten oder gegen ein Mitglied einer republikanischen Regierung (auch ein früheres) des Reichs oder eines deutschen Landes begangen wird; desgl. wenn ein militärischer Vorgesetzter seinen Unter-

gebenen oder wenn ein Untergebener seinen militärischen Vorgesetzten tätlich angreift. Bei fahrlässiger Körperverletzung ist ein Sühneversuch ausgeschlossen, wenn der Täter zu der Aufmerksamkeit, die er außer acht gelassen hat, vermöge seines Amts, Berufs oder Gewerbes besonders verpflichtet war. Zulässig aber nicht notwendig ist der Sühneversuch wegen Körperverletzung, wenn die zu Abs. 2 im letzten Satz (Halbs. 1) angegebenen Voraussetzungen vorliegen.

(4) Eine strafbare Bedrohung liegt nur dann vor, wenn der Täter einen anderen mit der Begehung eines Verbrechens bedroht. Verbrechen sind strafbare Handlungen, die mit dem Tode, mit Zuchthaus, mit Festungshaft von mehr als fünf Jahren, sowie militärische Straftaten, die mit Gefängnis von mehr als fünf Jahren bedroht sind. Verbrechen sind z. B. Mord und Totschlag, Brandstiftung, die meisten Sprengstoffdelikte, Raub, Notzucht. Von der Bedrohung zu unterscheiden ist die sogenannte Nötigung. Nötigung liegt dann vor, wenn die Bedrohung begangen wird, um den Bedrohten zu einer Handlung, Duldung oder Unterlassung zu nötigen. Bei Nötigung und Nötigungsversuch findet ein Sühneversuch nicht statt.

(5) Unter den Begriff der Verletzung fremder Geheimnisse fällt nicht, wenn ein Postbeamter der Post anvertraute Briefe oder Pakete in anderen als den im Gesetz vorgesehenen Fällen eröffnet oder unterdrückt oder einem anderen wissentlich eine solche Handlung gestattet oder ihm dabei wissentlich Hilfe leistet; das gleiche gilt, wenn ein in amtlicher Aufbewahrung befindlicher Brief vernichtet oder beiseite geschafft wird. In diesen Fällen findet daher ein Sühneversuch nicht statt. Wird der Brief eröffnet, um ihn eines darin vermuteten Wertgegenstands zu berauben, so liegt vollendeter oder versuchter Diebstahl (Unterschlagung) vor; ein Sühneversuch kommt auch in diesem Fall nicht in Betracht.

(6) Bei Sachbeschädigung findet ein Sühneversuch auch statt, wenn die Sachbeschädigung nur versucht, aber nicht zur Vollendung gekommen ist. Sachbeschädigung ist dem Sühneversuch nicht zugänglich, wenn vorsätzlich und rechtswidrig Gegenstände der Verehrung einer im Staate bestehenden Religionsgemeinschaft oder Sachen, die dem Gottesdienst gewidmet sind, oder Grabmäler, öffentliche Denkmäler, Gegenstände der Kunst, der Wissenschaft oder des Gewerbes, welche in öffentlichen Sammlungen aufbewahrt werden oder öffentlich aufgestellt sind oder Gegenstände, welche zum öffentlichen Nutzen oder zur Verschönerung öffentlicher Wege, Plätze oder Anlagen dienen, beschädigt oder zerstört werden, das gleiche gilt, wenn vorsätzlich und rechtswidrig ein Gebäude, ein Schiff, eine Brücke, ein Damm, eine gebaute Straße, eine Eisenbahn oder ein anderes Bauwerk, die nicht im Eigentum des Täters stehen, ganz oder teilweise zerstört werden.

§ 31.

Der Antragsteller.

(1) Als Antragsteller kann im Sühneverfahren wegen der im § 380 StPO. und § 33 SchO. genannten Strafsachen nur auftreten, wer durch die strafbare Handlung verletzt ist. Hat der Verletzte einen gesetzlichen Vertreter, so wird die Befugnis durch diesen, bei juristischen Personen wird sie durch deren Willensorgane wahrgenommen (vgl. oben § 13). Mit einer Person, die unter elterlicher Gewalt oder unter Vormundschaft steht, darf daher, wenn sie als Antragsteller auftritt, der Schiedsmann auch in Strafsachen ohne Mitwirkung des gesetzlichen Vertreters nicht verhandeln.

(2) Außer dem Verletzten können auch diejenigen Personen als Antragsteller auftreten, denen in den Strafgesetzen das Recht beigelegt ist, selbständig auf Bestrafung anzutragen. Es sind das:

1. Der Ehemann. Er kann bei Beleidigungen oder Körperverletzungen (nicht aber bei den anderen in § 380 StPO. und § 33 SchO. genannten Vergehen) selbständig (im eignen Namen) das Sühneverfahren betreiben, wenn seine Ehefrau durch das Vergehen verletzt ist (er kann aber nicht seine Ehefrau in dem von ihr betriebenen Sühneverfahren vertreten).
2. Der amtliche Vorgesetzte eines beleidigten oder körperlich verletzten Beamten, Religionsdieners oder Reichswehrangehörigen kann selbständig auftreten, wenn die Straftat gegen den Verletzten mit Beziehung auf dessen Beruf oder bei Ausübung des Berufs begangen wurde. Da es in diesen Fällen eines Sühneversuchs zur Erhebung der Privatklage nicht bedarf, wird der Fall vor dem Schiedsmann selten vorkommen.

(3) Der gesetzliche Vertreter eines Minderjährigen, der das 18. Lebensjahr vollendet hat, kann nach einer verbreiteten Rechtsmeinung selbständig auf Bestrafung antragen, wenn der von ihm Vertretene durch die strafbare Handlung verletzt ist. Der Schiedsmann wird daher auf Anträge dieser Art stets einzugehen haben. Es kann also der gesetzliche Vertreter in diesem besonderen Fall als Antragsteller im Sühneverfahren je nach Wahl entweder im eigenen Namen oder im Namen des Verletzten auftreten; im Zweifel wird der Schiedsmann anzunehmen haben, daß der gesetzliche Vertreter im Namen des Verletzten auftreten will. Das Recht des gesetzlichen Vertreters, im eignen Namen das Sühneverfahren zu betreiben, ist nicht nur bei Beleidigungen und Körperverletzungen, sondern auch bei den andern im § 33 SchO. genannten Vergehen gegeben. Es besteht aber nicht, wenn der Verletzte ein Minderjähriger von weniger als 18 Jahren oder wenn er entmündigt ist oder unter vorläufiger Vormundschaft steht.

§ 32.

Der Beschuldigte.

(1) Beschuldigter kann bei den im § 33 genannten Vergehen stets nur eine natürliche, niemals eine juristische Person sein.

(2) Beschuldigter kann auch ein Minderjähriger sein, vorausgesetzt, daß er die Tat, deren er beschuldigt wird, nach Vollendung des 14. Lebensjahres begangen hat. Ein minderjähriger Beschuldigter muß im Sühneverfahren persönlich auftreten; der gesetzliche Vertreter kann nur neben ihm als Beistand erscheinen; wird aber ein Vergleich geschlossen, der den minderjährigen Beschuldigten zu einer geldwerten Leistung, sei es auch nur zur Übernahme der Kosten des Sühneverfahrens, verpflichten soll, so muß der gesetzliche Vertreter mitwirken. Aus diesem Grunde ist bestimmt worden, daß der gesetzliche Vertreter von dem Termin zu benachrichtigen ist (§ 38 Abs. 1 S. 2 SchO.); wirkt der gesetzliche Vertreter nicht mit, so ist der Vergleich von dem Schiedsmann gleichwohl aufzunehmen, er ist aber nicht vollstreckbar, und der Schiedsmann hat das in dem Protokoll ausdrücklich hervorzuheben.

(3) Das in Abs. 2 Gesagte gilt in gleicher Weise, wenn ein Entmündigter oder wenn eine unter vorläufiger Vormundschaft stehende Person beschuldigt wird.

(4) Wird eine Person, die zur Zeit der Tat noch nicht 14 Jahre alt war, beschuldigt, so darf der Schiedsmann nicht tätig werden. Das gleiche gilt, wenn ein offenkundig Geisteskranker beschuldigt wird. In diesen Fällen kann höchstens ein Anspruch auf Schadensersatz vor dem Schiedsmann geltend gemacht werden; das Verfahren richtet sich dann aber ausschließlich nach den Vorschriften des zweiten Abschnitts der SchO.

§ 33.

Vertretung durch Bevollmächtigte.

(1) Wohnen die Parteien nicht in demselben Gemeindebezirk, so kann das Amtsgericht, bei dem die Privatklage zu erheben sein würde, den Antragsteller ermächtigen, sich im Sühneverfahren durch einen Bevollmächtigten vertreten zu lassen. Der Bevollmächtigte muß dem Schiedsmann den gerichtlichen Beschluß in Urschrift vorlegen. Wegen der Vollmachtsurkunde gilt das in § 17 Abs. 3 Gesagte.

(2) Eine Vertretung des Beschuldigten vor dem Schiedsmann ist in keiner Form möglich.

§ 34.

Örtliche Zuständigkeit.

(1) Örtlich zuständig ist in Strafsachen der Schiedsmann, in dessen Bezirk der Beschuldigte wohnt.

(2) Es ist aber auch möglich, daß die Parteien einen anderen Schiedsmann vereinbaren; eine stillschweigende Vereinbarung ist nur zulässig, wenn der Antragsteller sich an einen Schiedsmann wendet, der am Wohnort des Beschuldigten seinen Wohnsitz hat.

(3) Wendet sich der Antragsteller dagegen an einen Schiedsmann, der seinen Wohnsitz nicht am Wohnort des Beschuldigten hat, so muß der Beschuldigte der Vornahme einer Sühneverhandlung vor diesem Schiedsmann ausdrücklich und schriftlich zustimmen. Der Schiedsmann darf also in einem solchen Fall den Beschuldigten nicht einfach zu dem Sühnetermin laden und abwarten, ob dieser sich auf die Unzuständigkeit beruft. Der Antragsteller muß ihm vielmehr die schriftliche Erklärung (ein Brief genügt) des Beschuldigten, nach der dieser sich mit der Vornahme des Sühneversuchs einverstanden erklärt hat, vorlegen. Es ist zulässig, daß der Schiedsmann auf einen dahingehenden Wunsch des Antragstellers sich selbst an den Beschuldigten wendet und diesen fragt, ob er mit der Vornahme des Sühneversuchs vor dem unzuständigen Schiedsmann einverstanden sei.

(4) Ein Schiedsmann, in dessen Bezirk der Beschuldigte nicht wohnt, darf auch in Strafsachen die Ausübung seines Amts ablehnen.

§ 35.

Ablehnung des Schiedsmannsamts.

(1) Wird die Sache vor den Schiedsmann gebracht, in dessen Bezirk der Beschuldigte wohnt, so treten folgende Abweichungen von dem gewöhnlichen Verfahren ein:

1. Der Schiedsmann darf die Ausübung seines Amts nicht deshalb ablehnen, weil ihm der Fall zu weitläufig oder zu schwierig scheint;
2. er muß mit den Parteien auch dann verhandeln, wenn sie ihm unbekannt sind und einen glaubhaften Nachweis über ihre Person nicht erbringen können;
3. er muß mit den Parteien auch verhandeln, wenn er gegen ihre Geschäfts- oder Verfügungsfähigkeit Bedenken hat (näheres vgl. in §§ 12, 13, 15, 16, 31, 32);
4. er muß auch dann, so gut es ihm möglich ist, die Sühne versuchen, wenn eine Partei blind oder taubstumm ist, oder wenn eine Partei taub oder stumm ist und eine schriftliche Verständigung mit ihr nicht erzielt werden kann.

(2) Ein Vergleich, der in einem der Fälle des Abs. 1 Nr. 2—4 zustande kommt, ist gegen den, in dessen Person der Fall vorliegt, und gegen dessen Rechtsnachfolger nicht vollstreckbar. Der Schiedsmann muß im Protokoll erkennbar machen, daß ein solcher Fall vorliegt. Es empfiehlt sich ferner, hervorzuheben, daß der Vergleich nicht vollstreckbar ist.

§ 36.

Erscheinungszwang.

(1) Ist der Schiedsmann zuständig (vgl. dazu oben § 11 Abs. 1, § 34), so muß der Beschuldigte vor ihm persönlich erscheinen; er kann nicht erklären, daß er nicht erscheinen wolle. Das gilt aber nur von dem Beschuldigten selbst, nicht aber von dessen gesetzlichem Vertreter. Auch der Ehemann einer beschuldigten Ehefrau ist, obwohl er nach § 38 Abs. 1 S. 2 von dem Termin zu benachrichtigen ist, zum Erscheinen vor dem Schiedsmann nicht verpflichtet.

(2) Nur triftige Gründe, die zudem nach Nr. VI Abs. 1 AusfV. glaubhaft gemacht sein müssen, befreien den Beschuldigten von der Verpflichtung zum Erscheinen. Bleibt er ohne Entschuldigung aus oder gibt er ungenügende Gründe für sein Ausbleiben an oder macht er einen an sich zureichenden Entschuldigungsgrund nicht oder nicht genügend glaubhaft, so kann gegen ihn eine Ordnungsstrafe von einer bis zu dreißig Reichsmark festgesetzt werden. Über die Festsetzung und Erhebung der Strafe vgl. die Nr. VI der AusfV.

(3) Ist die Entschuldigung ausreichend und genügend glaubhaft gemacht, so hat der Schiedsmann den Termin aufzuheben und einen neuen anzuberaumen, falls dies noch möglich ist.

§ 37.

Fruchtloser Sühneversuch.

(1) Der Sühneversuch gilt als gescheitert, wenn der Beschuldigte in dem Termin ohne Entschuldigung oder mit ungenügender oder nicht genügend glaubhaft gemachter Entschuldigung ausbleibt. Wohnen die Parteien in demselben Gemeindebezirk, so gilt das aber nur dann, wenn der Beschuldigte in gleicher Weise auch in einem zweiten Termin ausbleibt.

(2) Über den fruchtlosen Sühneversuch in einer Strafsache hat der Schiedsmann, wenn wenigstens der Antragsteller erschienen war, einen Vermerk in das Protokollbuch aufzunehmen. Der Vermerk hat zu enthalten: Namen, Vornamen, Stand und Anschrift der Parteien (gegebenenfalls auch des gesetzlichen Vertreters des Antragstellers), den Gegenstand der Beschuldigung, die Zeit der Straftat und der Anbringung des Antrags auf Sühneverhandlung, die Angabe, daß der Beschuldigte in dem Sühnetermin (gegebenenfalls auch in dem zweiten Sühnetermin) nicht erschienen sei oder daß die Parteien zwar erschienen, der Sühneversuch aber ohne Erfolg geblieben sei. Der Vermerk ist von dem Schiedsmann zu unterzeichnen.

(3) Als Bescheinigung über die Fruchtlosigkeit des Sühneversuchs (§ 40 SchO.) dient eine Ausfertigung des Protokollvermerks.

§ 38.

Sühneverhandlung gegen Studierende.

Ist der Antrag auf Sühneverhandlung gegen einen Studierenden gerichtet, so tritt für den nach § 380 StPO. vorzunehmenden Sühneversuch an die Stelle der für den Ort der Hochschule zuständigen Schiedsmänner als Vergleichsbehörde die in Nr. XIII AusfB. bezeichnete Behörde. Die Schiedsmänner am Ort der Hochschule dürfen also die Sühneverhandlung nicht vornehmen.

IV. Abschnitt.

Stempel und Kosten.

§ 39.

Stempelpflicht.

(1) Die Stempelpflicht der vor dem Schiedsmann aufgenommenen Verhandlungen richtet sich nach den Vorschriften des Stempelsteuergesetzes in der Fassung der Bekanntmachung vom 27. 10. 1924 (GS. S. 627). In Betracht kommen von dessen Vorschriften hauptsächlich § 4 Abs. 1e, § 13 Abs. 2, § 15 und Tarifstelle 17.

(2) Verfügungen und Verhandlungen der Schiedsmänner sind stempelfrei. Das gleiche gilt in der Regel von den vor dem Schiedsmann abgeschlossenen Vergleichen; ist jedoch ein unter den Parteien bisher nicht in stempelpflichtiger Form zustandegekommenes Rechtsgeschäft anerkannt oder im wesentlichen aufrechterhalten oder ein anderweites Rechtsgeschäft neu begründet worden, so ist zu dem Vergleich der für dieses Geschäft zu berechnende Stempel, mindestens aber 3 Reichsmark, zu verwenden; in Betracht kommen dabei insbesondere folgende Geschäfte: Abtretung von Rechten (Tarifstelle 1), Erbteilungsverträge (Tarif 6), Kauf- und Tauschverträge, sowie Werkverdingungsverträge (Tarif 7, 21), Leibrenten- und Rentenverträge (Tarif 8), Pacht- und Mietverträge (Tarif 10), Schuldverschreibungen jeder Art (Tarif 14), Sicherstellung von Rechten, z. B. durch Pfand oder Bürgschaft (Tarif 15), Verträge anderer Art (mit Ausnahme von Lehr-, Dienst- und Arbeitsverträgen) (Tarif 18), Vollmachten (Tarif 19).

(3) Irgendeine Haftung dafür, daß die hiernach stempelpflichtigen Vergleiche verstempelt oder daß sie richtig verstempelt werden, hat der Schiedsmann nicht. Die Parteien haben vielmehr für die Beibringung des richtigen Stempels selbst zu sorgen; das muß binnen zwei Wochen nach Abschluß des Vergleichs geschehen. Der Schiedsmann wird sie nach Aufnahme des Protokolls auf die Stempelpflicht aufmerksam zu machen

und zugleich darauf hinzuweisen haben, daß sie in die gesetzliche Stempelstrafe verfallen, wenn sie den tarifmäßigen Stempel nicht rechtzeitig beibringen.

(4) Sind die Parteien über die Höhe des zu verwendenden Stempels im Zweifel, so ist es zweckmäßig, sie mit einer Abschrift des aufgenommenen Vergleichs an das nächste Finanz- oder Zollamt oder an den nächsten Stempelverteiler zu verweisen.

§ 40.

Stempelverwendung.

(1) Den von den Parteien beigebrachten Stempel hat der Schiedsmann zu der Urschrift des Protokolls zu verwenden.

(2) Über die Verwendung des Stempels durch den Schiedsmann geben die von dem Finanzminister erlassenen Ausführungsbestimmungen Aufschluß.

(3) Die Entwertung des Stempels erfolgt gleich nach Beibringung der Stempelzeichen, möglichst in Gegenwart des Überbringers, und zwar auch dann, wenn nach Ansicht des Schiedsmanns der Betrag des Stempels die tarifmäßige Höhe nicht erreicht oder wenn die Frist zur Beibringung des Stempels bereits verstrichen ist.

(4) Die Stempelprüfung geschieht in der Regel bei der Prüfung des Protokollbuchs durch die Aufsichtsbehörde (AusfB. Nr. IV Abs. 2). Auch den Beamten des Finanzamts ist auf Verlangen Einsicht des Protokollbuchs und der sonstigen amtlichen Bücher und Akten zum Zweck der Stempelprüfung zu gewähren.

(5) Auf allen Ausfertigungen von Vergleichen, die der Schiedsmann erteilt, hat er zu vermerken, welcher Stempel zu der Urschrift verwendet worden ist, oder daß ein Stempel nicht beigebracht worden ist.

§ 41.

Gebühren.

Gebühren darf der Schiedsmann nur nach § 43 SchO. erheben. Über die Bemessung der Gebühren, soweit sie in das Ermessen des Schiedsmanns gestellt ist, und über die Art der Berechnung trifft Nr. VII AusfB.Bestimmung.

§ 42.

Schreibgebühren und bare Auslagen.

(1) Der Schiedsmann kann von den Parteien die Entrichtung von Schreibgebühren und die Erstattung seiner baren Auslagen fordern.

(2) Schreibgebühren kann der Schiedsmann für die Aufnahme von

Anträgen, für Mitteilungen an die Parteien (einschl. der Ladungen, sofern diese nicht auf dem Antrag niedergeschrieben werden), für Abschriften und Ausfertigungen der Protokolle und für die erteilten Bescheinigungen in Rechnung stellen. Für die Protokolle und Vermerke in den amtlichen Büchern und für die Festsetzung von Ordnungsstrafen dürfen Schreibgebühren nicht in Ansatz gebracht werden.

(3) Zu den baren Auslagen gehören die Kosten für die Bestellung der Ladung, die Postgebühren für den Schriftverkehr, den der Schiedsmann mit den Parteien oder in deren Interesse führt, und die Fahrkosten, wenn eine Verhandlung auf Antrag der Parteien außerhalb des Amtslokals vorgenommen wird.

§ 43.

Vorschußpflicht.

(1) Der Schiedsmann kann seine Tätigkeit davon abhängig machen, daß die im § 43 Abs. 1 S. 1 SchO. bestimmte Gebühr vorher eingezahlt wird. Er wird von dieser Befugnis stets Gebrauch zu machen haben, wenn ihm nicht die Zahlungsfähigkeit des Antragstellers zweifelsfrei bekannt ist. Die Aufnahme des Antrags, die Terminsbestimmung und die Ladung erfolgt erst, wenn der Vorschuß eingezahlt ist.

(2) Der Schiedsmann kann auch die erwachsenden Schreibgebühren und Auslagen bei jeder Amtshandlung, die solche voraussichtlich verursacht, im voraus fordern und die Vornahme der Amtshandlung von dieser Zahlung abhängig machen; er ist aber nicht befugt, die Ausübung seines Amts im allgemeinen von der vorherigen Entrichtung eines allgemeinen Auslagenvorschusses abhängig zu machen.

(3) Eine Abschrift oder Ausfertigung des Protokolls über einen Vergleich oder eine Bescheinigung über die Erfolglosigkeit des Sühneversuchs soll erst nach vollständiger Bezahlung der Gebühren, Schreibgebühren und Auslagen erteilt werden. Daran wird auch dann festzuhalten sein, wenn der Schiedsmann an der Zahlungsfähigkeit des Kostenschuldners keinen Zweifel hat.

§ 44.

Beitreibung von Kosten.

(1) Verweigert eine Partei die Zahlung, so kann der Schiedsmann zum Zweck der Beitreibung die Gemeinde, in deren Bezirk er seinen Wohnsitz hat, um die Beitreibung ersuchen. Der Schiedsmann stellt zu diesem Zweck eine Rechnung aus, die die geschuldeten Beträge (im einzelnen) und die Person des Zahlungspflichtigen nebst dessen Anschrift angeben muß, versieht sie mit Unterschrift und Siegel und ersucht in einem Anschreiben die Gemeinde um die Beitreibung.

(2) Die Gemeinde wird die beigetriebenen Gebühren und Auslagen in der Regel alsbald an den Schiedsmann abführen; sie kann die Beträge aber auch bis zur nächsten Abrechnung in ihrer Kasse behalten.

§ 45.

Abrechnung mit der Gemeinde und sächliche Kosten.

Über die Abrechnung mit der Gemeinde wegen der Gebühren und der bei dem Schiedsmann eingezahlten Ordnungsstrafen, sowie wegen der sächlichen Kosten des Schiedsmannsamts enthalten die Nrn. IX, X AusfB. die nötigen Vorschriften.

§ 46.

Kassenführung des Schiedsmanns.

(1) Das Kassenbuch des Schiedsmanns ist nach Muster II zu führen. Es dient im Abschnitt I dem Nachweis der Soll- und Isteinnahmen an Gebühren (auch solchen, die nach § 43 SchO. zunächst nur vorschußweise gezahlt werden) und Ordnungsstrafen, im Abschnitt II dem Nachweis seiner zu Lasten der Gemeinde gehenden sächlichen Ausgaben. Muster II

(2) Schreibgebühren und sonstige bare Auslagen des Schiedsmanns sind in das Kassenbuch nicht aufzunehmen. Dem Schiedsmann bleibt überlassen, den Eingang dieser Beträge anderweit zu überwachen.

(3) In dem Abschnitt I des Kassenbuchs wird unter Angabe des Jahrgangs für jedes Kalenderjahr ein besonderer Unterabschnitt gebildet. Am Jahresschluß oder — nach Bestimmung der Aufsichtsbehörde — bei Schiedsmännern mit lebhaftem Geschäftsverkehr schon zu jeder Abrechnung sind im Abschnitt I die Geldspalten aufzurechnen. Die bis dahin nicht durch Zahlung oder Feststellung der Uneinziehbarkeit erledigten Posten sind dabei jedesmal unter neuen Nummern und unter gegenseitiger Verweisung vorzutragen. Die Bestimmungen in Satz 2 und 3 gelten entsprechend bei der Beendigung des Amts; dabei ist erkennbar zu machen, welche Gebührenbeträge bei Eingang noch dem früheren Schiedsmann zustehen.

(4) Ist entsprechender Vorschuß gezahlt oder erfolgt die Einzahlung der Gebühren oder Ordnungsstrafen alsbald nach Beendigung des Geschäfts, so können, solange die Aufsichtsbehörde nichts anderes bestimmt, im Abschnitt I die Soll-Spalten (4 und 5) unausgefüllt bleiben.

(5) Bei Beträgen, die durch die Gemeindebehörde beigetrieben sind, kann auch der abrechnende Gemeindebeamte das Anschreiben in dem ihm vorgelegten Kassenbuch des Schiedsmanns besorgen. Er hat dann in der Spalte 16 (Bemerkungen) unter Hinweis auf die von ihm bewirkte Eintragung seinen Namenszug einzuschreiben (z. B. „Zu Spalte 7/11: Schulz, Gemeindekassenrendant“).

(6) Schuldet der Zahlungspflichtige Ordnungsstrafen, Gebühren und Auslagen, so werden Teilzahlungen zunächst auf die Schreibgebühren und sonstigen baren Auslagen des Schiedsmanns, sodann auf die Gebühren und zuletzt auf die Ordnungsstrafen verrechnet.

(7) Zurückzahlungen sind unter besonderer Nummer, aber unter gegenseitiger Verweisung in den Spalten 1, 3, 7 bis 11 und, wenn die Aufsichtsbehörde abweichend von Ziff. 4 — oben — angeordnet hat, daß die Spalten 4 und 5 stets auszufüllen sind, auch in diesen Spalten des Abschnitts I einzutragen. Die Eintragung hat mit roter Tinte zu erfolgen. Bei der Aufrechnung werden diese rot gebuchten Beträge den übrigen mit schwarzer Tinte gebuchten Beträgen entgegengerechnet. Als Zahlungsausweis dient die Quittung des Empfängers, die in Spalte 16 aufgenommen werden kann oder der dem Kassenbuch beizufügende Postschein.

(8) Werden ergänzende Bestimmungen zu Abschnitt II des Kassenbuchs erforderlich, so trifft sie, wenn eine Verständigung zwischen dem Schiedsmann und der Gemeinde nicht zustande kommt, die Aufsichtsbehörde.

Formularmuster.

Muster I (Terminkalender).

Termintag und Stunde	Name und Wohnort		Gegenstand des Streits	Ergebnis der Sühneverhandlung	Ob beide Parteien zur Sühneverhandlung erschienen sind	Bemerkungen
	des Antragstellers	des Gegners (Beschuldigten)				
1.	2.	3.	4.	5.	6.	7

Muster II (Kassenbuch). Abschnitt I (Soll- und Isteinnahme an Gebühren und Ordnungsstrafen ohne Schreibgebühren und bare Auslagen).

Durch das Kalenderjahr laufende Nummer	Die Gebühr oder die Strafe ist festgesetzt im		Bezeichnung des Zahlungspflichtigen	Es sind zu erheben an		Zu Spalte 4 und 5 Angaben über die Einziehungsmaßnahmen	Es sind vereinnahmt					Zu Spalte 10 und 11: Empfangsbekenntnisse der Gemeinde unter Angabe der laufenden Nummern und unter zifferumäßiger Wiederholung des erhaltenen Gesamtbetrags	Von den Beträgen Spalte 4 und 5 sind nicht eingezogen			Bemerkungen
	Protokollbuch Nummer	Terminkalender Seite		Gebühr RM	Ordnungsstrafe RM		am	insgesamt RM	Von dem Betrag Spalte 8 fließen zu: als Gebühr dem Schiedsmann RM	als Gebühr der Gemeinde RM	als Ordnungsstrafe der Gemeinde RM		an Gebühr RM	an Ordnungsstrafe RM	Grund (Ermäßigung oder Erlaß usw. der Gebühr oder der Ordnungsstrafe; Uneinziehbarkeit)	
1	2		3	4	5	6	7	8	9	10	11	12	13	14	15	16

Abschnitt II (sächliche Ausgaben zu Lasten der Gemeinde).

Durch das Kalenderjahr laufende Nummer	Tag der Zahlung (Entstehung)	Gegenstand der Ausgabe oder der Erstattungsforderung	Betrag		Bemerkungen
			RM	Pfg.	
1	2	3	4		5

Sachregister.

Die Zahlen beziehen sich auf die Seiten.

A.

B

C.

(siehe unter K. u. Z.)

D.

E.

F.

G.

H.

J.

K.

L.

M.

N.

O.

P.

Q.

R.

S.

T.

U.

W.

Z.

Formulare für Schiedsmänner.

Der unterzeichnete Verlag hat zum Gebrauch für Schiedsmänner nach den Angaben des Bearbeiters dieses Buches folgende Formulare herstellen lassen und hält sie dauernd vorrätig:

Nr. 1. Protokoll über einen mündlichen Antrag auf Terminsanberaumung in einer bürgerlichen Rechtsstreitigkeit und Terminsansetzung auf diesen Antrag, wenn die Zustellung der Ladung an den Verklagten durch den Antragsteller erfolgen soll.

Nr. 2. Protokoll über einen mündlichen Antrag auf Terminsanberaumung in einer bürgerlichen Rechtsstreitigkeit und Terminsansetzung auf diesen Antrag, wenn die Zustellung der Ladung an den Verklagten unmittelbar durch den Schiedsmann erfolgen soll.

Nr. 3. Protokoll über einen mündlichen Antrag auf Terminsanberaumung in einer Strafsache und Terminsansetzung auf diesen Antrag.

Nr. 4. Terminsansetzung auf einen schriftlichen Antrag in einer bürgerlichen Rechtsstreitigkeit, wenn die Zustellung der Ladung an den Verklagten durch den Antragsteller erfolgen soll.

Nr. 5. Terminsansetzung auf einen schriftlichen Antrag in einer bürgerlichen Rechtsstreitigkeit und Ladung des Verklagten, wenn die Zustellung der Ladung an ihn unmittelbar durch den Schiedsmann erfolgen soll.

Nr. 6. Terminsansetzung auf einen schriftlichen Antrag in einer Strafsache und Ladung des Beschuldigten.

Nr. 7. Ladung des Antragstellers, der einen schriftlichen Antrag gestellt hat, zum Termin im Falle unmittelbarer Ladung des Verklagten — Beschuldigten — durch den Schiedsmann.

Nr. 8. Bescheinigung über die Erfolglosigkeit eines Sühneversuchs beim Erscheinen beider Parteien.

Nr. 9. Bescheinigung über die Erfolglosigkeit eines Sühneversuchs beim Ausbleiben des Beschuldigten.

Nr. 10. Straffestsetzung wegen Nichterscheinens im Sühnetermin in einer bürgerlichen Rechtsstreitigkeit oder gegen den Antragsteller in einer Strafsache.

Nr. 11. Straffestsetzung wegen Nichterscheinens im Sühnetermin oder vorzeitiger Entfernung gegen den Beschuldigten in einer Strafsache.

Nr. 12. Benachrichtigung des gesetzlichen Vertreters oder des Ehemanns des (der) Beschuldigten vom Termin in einer Strafsache.

Preise der Formulare:

Formulare Nr. 1 bis 12. 1 Stück 4 Pfg. 50 Stück, beliebig zusammengestellt, 2.— M., 100 Stück 3.60 M., 200 Stück 6.40 M.

Die Formulare werden bei vorheriger Einsendung des Betrages portofrei übersandt.

Bestellungen sind nur zu richten an:

H. W. Müller, Verlagsbuchhandlung, **Berlin SW. 86,** **Schützenstr. 29/30.**

G. Pätz'sche Buchdr. Lippert & Co. G. m. b. H., Naumburg a. d. S.

J. Schweitzer Verlag (Arthur Sellier)
München, Berlin und Leipzig.

Wir empfehlen:

Textausgabe

Bürgerliches Gesetzbuch

nebst Einführungsgesetz mit Abdruck der zitierten Gesetzesstellen.

2. Auflage. 1921. geb. 4.50

Handausgabe

Bürgerliches Gesetzbuch

auf Grund von J. von Staudingers Kommentar
bearbeitet von

F. Keidel,
Oberlandesgerichtsrat in München.

2. Auflage. 1229 S. 1920. geb. M. 9.—

Die umfassendste Textausgabe der ZPO.
erschien soeben.

In Schweitzers blauen Textausgaben:

Zivilprozeßordnung

mit 43 Ergänzungsgesetzen.

3. Auflage.

Herausgegeben von

J. Schiedermair,
Oberlandesger.-Rat in München.

12°. 619 Seiten. In Ganzleinen geb. M. 5.—

Die „blaue ZPO." zeichnet sich durch absolute Reinheit des Textes und durch Vollständigkeit aus. In der ZivilprozeßO. sind die Änderungen durch Fettdruck hervorgehoben, sonst sind sie überall durch Noten bezeichnet. Das Sachregister ist mit besonderer Sorgfalt verfaßt.

Die ganze Zivilprozeßgesetzgebung in einem Bande!

Strafrecht und Strafprozeß. Eine Sammlung der wichtigsten, das Strafrecht und das Strafverfahren betreffenden Gesetze. Zum Handgebrauch für den preuß. Praktiker erläutert und herausgegeben von **Dr. A. Dalcke**, Ober-Staatsanwalt, Geh. Ober-Justizrat. 17. Auflage von **P. Dalcke**, Amtsgerichtsrat. 1924. Geb. M. 12.—

Die Preußische Jagdordnung und **die sonstigen jagdgesetzlichen Bestimmungen für Preußen.** Zum praktischen Gebrauch erläutert von **Görcke**, Amtsgerichtsrat. 5. Auflage von **Kohli**, „Die Preußischen Jagdgesetze". 1920. Geb. M. 4.50

Das Preußische Fischereigesetz vom 11. Mai 1916 nebst der Fischerei-Ordnung vom 29. März 1917 und den sonstigen fischereigesetzlichen Vorschriften für Preußen. Mit Nachtrag, enthält: Abänderung v. 16. 3. 18 der Fisch.-Ordng. v. 29. 3. 17, Ausführ.-Anweisung v. 16. 3. 1918 zum Fischereigesetz. Erläutert von **Görcke**, Amtsgerichtsrat. kl. 8°. (VIII, 311 S.) 1918. Geb. M. 4.—

Das Preuß. Feld- und Forstpolizeigesetz vom 1. April 1880. Mit Erläuterungen und Sachregister. Fünfte, vermehrte und verbesserte Auflage von **Dr. P. Daude**, Geh. Reg.-Rat. 5. Auflage bearb. von **Dr. E. Daude**, Amtsgerichtsdirektor. 1920. Kart. M. 3.—

„Die Erläuterungen sind außerordentlich klar und übersichtlich, enthalten auch alle einschlägigen Gesetzesbestimmungen und berücksichtigen sowohl die neueste Gesetzgebung als auch die Rechtsprechung des Reichsgerichts und Kammergerichts." Ztschr. f. Polizei- u. Verwaltungsbeamte.

Die Reichs-Grundbuchordnung vom 24. März 1897 mit Anmerkungen und Sachregister von **Willenbücher**, weil. Geh. Justizrat, Oberlandesgerichtsrat. 4., vermehrte Auflage. 1921. Ausgabe für Preußen. Kartoniert M. 3.40

Das Geldstrafengesetz. Die Verordnung über Vermögensstrafen und Bußen vom 6. Februar 1924 mit der Begründung und den Ausführungsbestimmungen erläutert von **Dr. A. Hellwig**, Landgerichtsdirektor in Potsdam. 3. Aufl. 1924. Geb. M. 6.—

Das Jugendgerichtsgesetz vom 16. Febr. 1923. Erläutert von **Herb. Francke**, Amtsgerichtsrat. 1923. Kartoniert M. 1.20

G. Pätz'sche Buchdr. Lippert & Co. G. m. b. H., Naumburg a. d. S.

FSC
www.fsc.org
MIX
Papier | Fördert
gute Waldnutzung
FSC® C083411

Kolibri 360 GmbH
Ferdinand-Jühlke-Straße 7
99095 Erfurt, Deutschland
produktsicherheit@kolibri360.de